Anne Wilmshöfer

Marketing- und Supply-Chain-Prozesse am Beispiel ZARA

GW00602741

GRIN - Verlag für akademische Texte

Der GRIN Verlag mit Sitz in München hat sich seit der Gründung im Jahr 1998 auf die Veröffentlichung akademischer Texte spezialisiert.

Die Verlagswebseite www.grin.com ist für Studenten, Hochschullehrer und andere Akademiker die ideale Plattform, ihre Fachtexte, Studienarbeiten, Abschlussarbeiten oder Dissertationen einem breiten Publikum zu präsentieren.

Dokument Nr. V154117 aus dem GRIN Verlagsprogramm

—

Anne Wilmshöfer

Marketing- und Supply-Chain-Prozesse am Beispiel ZARA

GRIN Verlag

Bibliografische Information der Deutschen Nationalbibliothek: Die Deutsche
Bibliothek verzeichnet diese Publikation in der Deutschen Nationalbibliografie;
detaillierte bibliografische Daten sind im Internet über http://dnb.d-nb.de/
abrufbar.

1. Auflage 2010
Copyright © 2010 GRIN Verlag
http://www.grin.com/
Druck und Bindung: Books on Demand GmbH, Norderstedt Germany
ISBN 978-3-640-67034-5

Universität Trier

Professur für Marketing und Handel
FB IV – Betriebswirtschaftslehre
Wintersemester 2009/2010

Gruppe 8

Marketing- und Supply- Chain- Prozesse am Beispiel ZARA

Wilmshöfer, Anne

9. Fachsemester

Betriebswirtschaftslehre

01. Februar 2010

Abstract

This paper focusses on the details of Marketing- and Supply-Chain-Processes of the global acting company Zara. Starting the examination a three-step-modell will be developed, which later is used as a basis for understanding the single processes. The results show, that Supply-Chain- and Marketing-Processes in the company are merely centralized and strongly integrated into the companies own organisation. This evidence and the fact, that Zara has implemented a standardized information policy which guarantees information and data is always up to date, are the two towers of strength. They are basically responsible for the success Zara's business had in the last years.

Abstrakt

In dieser Arbeit werden die Marketing- und Supply-Chain-Prozesse von Zara untersucht. Hierzu wird zunächst ein Drei-Stufen-Modell entwickelt, anhand dessen einzelne Prozesse genauer betrachtet werden. Die konzeptionelle Studie ergibt, dass die Prozesse Zaras zentralisiert gesteuert und stärker integriert ablaufen, als dies bei Mitbewerbern der Fall ist. Dies und die Tatsache, dass bei Zara eine extrem durchgehende, aktuelle und standardisierte Informationsflusspolitik betreibt sind die Grundpfeiler für den Erfolg, den das Unternehmen in der jüngeren Vergangenheit realisieren konnte.

I Inhaltsverzeichnis

II. Abkürzungsverzeichnis

bzw.   beziehungsweise

CAD   Computer Aided Design

CPFR   Collaborative Planning, Forecasting and Replenishment

EBIT   Earnings before Interests and Taxes

ECR   Efficient Consumer Response

H_1 Hypothese 1

H_2 Hypothese 2

Inditex   Industria de Diseno Textil

JIT   Just in Time

o.Ä.   oder Ähnliches

RMI   Retailer Managed Inventory

SCM   Supply Chain Management

u.a.   unter anderem

u.Ä.   und Ähnlichem

VMI   Vendor Managed Inventory

z.B.   zum Beispiel

III. Abbildungsverzeichnis

1. Heranführung an die Thematik

1.1. Einführung

Die vorliegende Arbeit beschäftigt sich mit der Gestaltung von Supply-Chain- und Marketingprozessen, speziell bezogen auf das Unternehmen Zara. Die optimale Gestaltung der Versorgungskette eines Unternehmens hat in den letzten Jahren erheblich an Bedeutung gewonnen. Auf Grund gesättigter Märkte, strategisch handelnden Konsumenten und nicht zu vergessen der steigenden Relevanz von Transportkosten ist die Organisation der Supply-Chain ein Bereich, indem Unternehmen über Effizienzsteigerungen zusätzliche Gewinne realisieren können.

So beschäftigt sich die wissenschaftliche Literatur auch ausführlich mit der Gestaltung der Beziehungen zwischen Hersteller und Händler. Ein gegenwärtig starker Trend ist der, der Vertikalisierung, welche im Gegensatz zu Vertragsbeziehungen mit unabhängigen Partnern eine vergleichsweise „einfache" Möglichkeit bietet, umfassende Kontrolle über alle Supply-Prozesse ausüben zu können. Doch auch, wenn nicht gerade diese Variante birgt auch viele Herausforderungen, welche nicht jedes Unternehmen ad hoc erfüllen kann. Daher ist es reizvoll das Beispiel Zara ein wenig näher zu betrachten, da das Unternehmen Paradebeispiel einer erfolgreichen Vertikalisierung ist. Zara hält alle Supply-Chain-Aktivitäten fest im Griff und ist damit zum Vorbild für viele Bekleidungsunternehmen und in jüngster Zeit auch für die „kein Kompromiss"-Strategie im Supermarktbereich geworden.[1] Die vorliegende Arbeit stellt nach Begriffsdefinitionen und der Literaturbestandsaufnahme zunächst ein konzeptionelles Modell zur Gestaltung von das Marketing und die Supply-Chain betreffenden Entscheidungen auf. Nachdem die Bestandteile des Modells ausführlich erläutert und an Literatur belegt wurden, untersucht diese Arbeit eine große Anzahl der Modellkomponenten am Fallbeispiel Zara. Dabei wird insbesondere auf dessen Zentralisations- und Integrationsgrad eingegangen. Die Arbeit schließt mit einer kurzen Betrachtung des Unternehmenskonzepts im Lichte der Erfolgsfaktoren des Modells.

---

[1] Vgl.: Capell, Kerry (2008), „Zara thrives by breaking all the rules", *Business Week*, 9. Oktober 2008, London, (31.01.10),
http://www.businessweek.com/magazine/content/08_42/b4104066866245.htm ; Smeets, H.E. (2007), „Keine Kompromisse", *Lebensmittel Praxis, o.Jg.(11)*, S.14

1.2. Begriffsdefinitionen

1.2.1. Supply-Chain-Management (SCM)

Unter Supply-Chain-Management versteht man sowohl den Aufbau, als auch die Verwaltung der Material- und Informationsflüsse des Unternehmens. Es bezieht sich auf den gesamten Wertschöpfungsprozess, angefangen von der Rohstoffbeschaffung, über die einzelnen Produktionsstufen, bis hin zur Distribution und zum Vertrieb an den Endkonsumenten. Es werden dabei alle Schnittstellen, auch die zu externen Partnern miteinbezogen und die Zielsetzung liegt in einer möglichst optimalen Abstimmung der einzelnen Prozesse aufeinander. Dadurch sollen einerseits Lager- und Transportkosten sowie zwischenbetriebliche Liegezeiten reduziert werden, andererseits die Termintreue und der zwischenbetriebliche Informationsaustausch optimiert werden.[2]

1.2.2. Just-in-Time (JIT)

Unter Just-in-Time versteht man ein Organisationsprinzip, dass die Optimierung der Material- und Informationsflüsse anstrebt. Dazu wird eine Implementierung bedarfsgenauer Güteraustauschprozesse vorgenommen. Diese betrifft sowohl die unternehmensinternen, als auch die unternehmensübergreifenden Ströme. Das JIT-Konzept beinhaltet in der Regel als konstituierende Bausteine eine integrierte Informationsverarbeitung, Fertigungssegmentierung und eine produktionssynchrone Beschaffung.[3]

1.2.3. Out-of-Stock

Out-of-Stock bezeichnet die Situation, in der die Nachfrage oder der Bedarf nach einem Gut nicht befriedigt werden kann, da selbiges temporär nicht im Bestandsinventar vorhanden ist.[4]

1.2.4. Logistik

Logistik wird in der betrieblichen Praxis heute häufig noch unternehmensspezifisch unterschiedlich definiert. In der Literatur findet man oft eine Unterscheidung in drei unterschiedliche Verständniskonzepte. Dazu gehört Logistik im Sinne der operativen Aktivitäten „Transport", „Umschlagen/Kommissionieren" und „Lagern", des weiteren im erweiterten Sinne einer „Koordinationslogistik" , die auch die Steuerung der Operationen umfasst. Eine in den letzten Jahren in den Vordergrund getretene Bedeutung ist Logistik im Sinne von „Flussopti-

---

[2] Vgl.: Voigt, Kai-Ingo et.al. (2010), „Stichwort: Supply-Chain-Management", (31.01.10), *Gablers Wirtschaftslexikon Online*, http://wirtschaftslexikon.gabler.de/Archiv/56470/supply-chain-management-scm-v6.html
[3] Vgl.: Lackes, Richard/ Siepermann, Markus/ Krieger, Winfried (2010), „Stichwort Just in Time", (31.01.10) *Gablers Wirtschaftslexikon Online*, http://wirtschaftslexikon.gabler.de/Archiv/57306/just-in-time-jit-v5.html
[4] Vgl.: Ohne Verfasser (2010), „Stock Out", (31.01.10) *Business Dictionary Online*, http://www.businessdictionary.com/definition/stockout.html

mierung", welche damit auch Überschneidungen mit dem Bereich des Supply-Chain-Managements besitzt.[5]

2. Stand der wissenschaftlichen Diskussion

Zum Ende des alten und Beginn des neuen Jahrtausends beschäftigte sich die Literatur zum Thema „Supply-Chain" vornehmlich noch mit der Frage, ob eine zentralisierte oder eine dezentralisierte Organisationsform die Versorgungskette optimal steuern kann. So begünstigt Zentralisation von Beständen nach *Anupindi/Bassok* immer den Handel, der damit über Kostensenkungen seinen Gesamtprofit steigern kann. Für den Hersteller sei ein dezentrales Distributionssystem in den meisten Fällen sinnvoller. Nur wenn der Konsument in hohem Maße Commitment bezüglich eines Produkts zeigt, sei der Hersteller indifferent darin, ob die Lagerhaltung zentral oder lokal-dezentral erfolgt.[6] Oft wird die Dominanz von Zentralisation hervorgehoben, wie etwa durch *Chang/Harrington*, die über ihr konzeptionelles Modell statuieren, dass Dezentralisierung das Marktergebnis nur dann verbessert, wenn der Markt stark heterogen ist, so dass die Kunden unempfänglich für standardisierte Praktiken sind. Dezentralisation sei auch dann nur im Falle eines längeren Zeithorizonts vorteilhaft.[7] Im Fokus der Betrachtung stehen weiterhin Überlegungen zur Festlegung der optimalen Bestandsmenge. In diesem Zusammenhang existiert u.a. eine Konzeptstudie von *Ernst/Kouvelis*, die die Abhängigkeit von Bestandsentscheidungen von der Korrelations-struktur der Sortimentsgüter betont und dabei auch den Einfluss von „Produktbündel" auf die Profitabilität aufzeigt.[8] Auch behandelt Literatur aus diesem Zeitraum häufig den Einfluss von Produkteigenschaften auf die Beschaffungsgestaltung. So beschreiben *Thonemann/Bradley* etwa, dass der Variantenreichtum eines Produkts dessen Beschaffungszeit verlängert und damit die Kosten für den Handel steigert.[9] Einen Überblick über Beispielliteratur für den Zeitraum 1999-2002 gibt die folgende Literaturbestandsaufnahme.

Abbildung 1: Literaturbestandsaufnahme für den Zeitraum 1999-2002

Autoren/Jahr	Konkrete Forschungsfrage	Empirische Basis/Branche/ Methodik	Kernbefunde/Wirkungsbeziehungen
Barth/ Hartmann/ Schröder	Betrachtung von Beschaffung und deren	Lehrbuch	• Ableitung der Beschaffungsplanung a.d. Strateg. Marketing-planung

[5] Vgl.: Krieger, Winfried (2010), „Stichwort: Logistik" (31.01.10), *Gablers Wirtschaftslexikon Online*, http://wirtschaftslexikon.gabler.de/Definition/logistik.html
[6] Vgl.: Anupindi, Ravi/ Bassok, Yehuda (1999), „Centralizationof Stocks: Retailers vs. Manufacturer" *Management Science 45(2)*, S.178, S.183
[7] Vgl.: Chang, Myong-Hun/ Harrington, Joseph E. (2000), „ Centralization vs. Decentralization in a Mulit-Unit Organization: A Computational Model of a Retai Chain as a Multi-Agent Adaptive System" *Management Science 46 (11)*,S. 1435-1440
[8] Vgl.: Ernst, Ricardo/ Kouvelis, Panagiotis (1999) „The Effects of Selling Packaged Goods on Inventory Decisions" *Management Science 45 (8)*, S. 1142-1155
[9] Vgl.: Thonemann, Ulrich/ Bradley, James (2002), „The effect of product variety on supply-chain performance" *European Journal of Operationsal Research 143 (3)*, S. 563

2002	Logistik im Handel		• Entscheidungsdeterminanten i.d. Beschaffung • strateg. und operative Beschaffungsziele • Entscheidungsfelder in der B-Logistik des Handels • Logistikkonzeption (Make or Buy, ECR, etc.)
Thonemann / Bradley 2002	Optimale Produktvarianten-anzahl hinsichtl. Eines Einflusses auf die SC?	Konzeptionell	• Je variantenreicher ein Produkt, desto länger die Beschaffungszeit und damit auch die Kosten die dem Handel dadurch entstehen • Entwicklung eines stilisierten Modells, dass die Einflussstärke der Anzahl von Produktvarianten auf die SC-Performance abbildet
Chang/ Harrington 2000	Wann ist Zentralisierung /Dezentralisierung sinnvoll?	Konzeptionell	• Dezentralisierung ist nur besser als Zentralisierung, wenn der Markt heterogen genug, der Zeithorizont lang genug und die Kunden unempfänglich genug für standardisierte Praktiken sind
Anupindi/ Bassok 1999	Sind Zentrallager auch für Hersteller von Vorteil und wenn ja, in welcher Situation?	Konzeptionell	• Zentralisation begünstigt immer den Handel • Vorteilhaftigkeit von Zentrallager für den Hersteller hängt ab von der Bereitschaft der Kunden Marktsuche zu betreiben • bei hoher Bereitschaft zur Marktsuche beeinträchtigt Zentralisation das Marktergebnis im Generellen, d.h. das Lagerhaltungsoptimum hängt von dem Grad der betriebenen Marktsuche ab
Ernst / Kouvelis 1999	Wie entwickelt sich die optimale Bestandsmenge bei gebündelten und nicht-gebündelten Waren, bei unterschiedl. Nachfragekonstellationen?	Konzeptionell	• Bei Bestandsentscheidung von Individualprodukten im Zusammenhang mit gebündelten Individualprodukten muss die Korrelationsstruktur der Nachfrage in Betracht gezogen werden um optimal Entscheidungen treffen zu können • Erläuterung bei welchen Korrelationen die Bestandsmenge bei den einzelnen Produkten wo gesenkt werden kann

Etwas jüngere Literatur beschäftigt sich vielfach mit Beschaffungskonzepten wie ECR, CPFR, etc.[10] Auch wird der Einfluss von Markttendenzen wie Internationalisierung und Vertikalisierung herausgestellt und diskutiert. So beschäftigen sich beispielsweise *Rudolph/Loos* mit den Anforderungen, die das Multi-Channel-Sourcing im Rahmen der Internationalisierung an die Unternehmen stellt. Dabei wird vor allem die Notwendigkeit zu einer starken Vernetzung, zur Prozesstransparenz, flexibler Logistik und effizientem Schnittstellenmanagement herausgestellt.[11] Auch die Beziehungen zwischen Hersteller und Handel, insbesondere hinsichtlich des Bestandsmanagements werden über die Frage nach Zentralisierung oder Dezentralisierung hinaus betrachtet. Hervorgehoben werden soll an dieser Stelle die konzeptionelle Studie von *Mishra/Raghunathan,* in welcher die Vorteilhaftigkeit von „vendor-managed-inventory" (VMI) im Vergleich zu „retailer-managed-inventory" (RMI) erarbeitet wird. Die Autoren gehen ausführlich darauf ein, dass VMI immer mindestens genauso gut ist wie RMI und dass darüber hinaus bei hoher Substitution zwischen den Marken die der Retailer anbietet, VMI einen „Wettbewerb innerhalb der Filialen" induziert, welcher sich vorteilhaft für das

---

[10] Vgl.: Wagner, Stephan/ Locker, Alwin (2003), „Supply-Chain-Innovationen durch Lieferanten" *Thexis o.Jg.(3)*, S. 6-7
[11] Vgl.: Rudolph, Thomas/ Loos, Joelle (2003), „ Multi-Channel-Sourcing als neuer Denkansatz im strategischen Beschaffungsmanagement des Handels" *Thexis o.Jg. (3)*, S. 14-15

Ergebnis des Handels auswirkt.[12] Diese Themen können in gestraffter Form der folgenden Literaturbestandsaufnahme für den Zeitraum 2003-2005 entnommen werden.

Abbildung 2: Literaturbestandsaufnahme für den Zeitraum 2003-2005

Autoren/Jahr	Konkrete Forschungsfrage	Empirische Basis/Branche/ Methodik	Kernbefunde/Wirkungsbeziehungen
Bernstein/ Federgrün 2005	Wie kann die dezentrale SC zur Erbringung einer „zentralisierten" Performance optimiert werden?	Konzeptionell	• Untersucht unterschiedliche Kontraktmodelle in Marktsituationen mit und ohne Wettbewerb zwischen den Retailern des Suppliers • vergleicht jeweils price-discount-systems mit shared-revenue-systemen
Mishra / Raghunathan 2004	Warum ist es für den Handel interessant ist Vendor-managed-Inventory zu forcieren?	Konzeptionell	• VMI ist immer mindestens gleich vorteilhaft wie RMI • wenn die Substitution zwischen den einzelnen angebotenen Marken hoch ist, dann entsteht bei VMI Wettbewerb zwischen den Herstellern, den der Handel für sich nutzen kann
Makowski 2003	Welche Perspektiven ergeben sich in der Handelslogistik der Baumarkt-branche?	Konzeptionell Fallbeispiel „Hornbach"	• Logistische Anforderungen die konzeptbestimmend sind • Diskussion Make or Buy • Schaubild „handelsgesteuertes Multichannelsystem für den Warenfluss" • erweitertes Aufgabenfeld der Logistik (v.a. bei Global Sourcing: Qualitätskontrolle, etc.)
Morschett/ Schramm-Klein 2003	Welchen Einfluss übt die Inter-nationalisierung auf die SC des Handels aus?	Konzeptionell	• Einfluss der Internationalisierung auf Handel, Konsumgüterindustrie und Logistik • Bewertung von standardisierter vs. individualisierter Logistik • zur Notwendigkeit von Prozess- und Datenstandardisierung
Özer 2003	Welche Vorteile bieten Nachschubsysteme unter Advanced Demand Information?	Konzeptionell	• Vorteile eines zentralen Transitpunktes • Basis-Bestandslevel wird als steigende Funktion des beobachteten Nachfrageverhalten dargestellt • Advanced Demand Information als „Bestandssubstitut" • benötigter Beschaffungszeitraum beeinflusst stark die Gesamtkosten
Prümper 2003	Wie funktioniert das Metro MGL-Konzept in der Beschaffungslogistik?	Konzeptionell Fallbeispiel „Metro"	• Darstellung der Vision • Erläuterung der Konzeptkomponenten und deren Anforderungen • Auswirkungen des MGL-Konzepts
Rudolph/ Loos 2003	Welche Entwicklungen sind relevant für den Handel? Welche Sourcinginitiativen gewinnen an Relevanz?	Lehrbuch	• Entwicklungssituation im Handel • Übersicht mit Praxisbeispielen zu Sourcinginitiativen • Herausforderungen des Multi-Channel-Sourcing
Schönsleben/ Arlard 2003	Wie verlief die Entwicklung von der traditionellen Beschaffung zum SCM?	Konzeptionell	• Entwicklungstendenzen in der Beschaffung • Herausstellung der besonderen Bedeutung de Schnittstellen-Man. und der übergreifenden Prozessorientierung
Wagner / Locker 2003	Welche Konzepte von modernem SCM und Standardpolitik sind aktuell?	Konzeptionell	• Vorstellung von Beschaffungskonzepten wie ECR, CPFR, BlueChips • Diskussion zur Bildung von Standards im SCM

---

[12] Vgl.: Mishra, Birenda/ Raghunathan, Srinivasan (2004), „Retailer- Vendor-Managed Inventory and Brand Competition", *Management Science 50 (4)*, S. 454

Der strategisch handelnde Konsument und wie der Handel auf ihn reagieren kann, ist ein in der gegenwärtigen Literatur häufig behandeltes Thema. So zeigen *Su/Zhang* dass bewusstes Herbeiführen von Out-of-Stock-Situationen das Commitment der Kunden und damit den Profit, systematisch erhöhen kann.[13] Auch *Cachon/Swinney* beschäftigen sich mit dem strategischen Verhalten der Konsumenten und wie man ihm im Zusammenhang mit Quick Response begegnen kann. Dabei wird herausgestellt, dass die Möglichkeit zu Quick Response im Zusammenspiel mit kleinen Anfangsliefermengen und bedarfsorientierter Nachlieferung strategisches Konsumentenverhalten eliminiert ohne dass dafür zu späterem Zeitpunkt negative Auswirkungen in Kauf genommen werden müssen.[14] Dieser Punkt ist insbesondere von Bedeutung, da das Unternehmen Zara, wie später noch deutlich werden wird, durch konsequentes Handeln nach diesem Prinzip genau den beschriebenen Effekt erzielt und selbigen zusätzlich zur Förderung des Unternehmensimage nutzt. Sehr interessant ist der beschrieben Mechanismus u.a. auch, da Stock-out-Situationen in der Vergangenheit immer nur mit negativen Auswirkungen in Verbindung gebracht wurden.Weitere Beispielliteratur, die repräsentativ für gegenwärtige Themen ist, kann der nun folgenden Literaturbestandsaufnahme für den Zeitraum ab 2006 entnommen werden.

Abbildung 3: Literaturbestandsaufnahme für den Zeitraum ab 2006

Autoren/Jahr	Konkrete Forschungsfrage	Empirische Basis/Branche/ Methodik	Kernbefunde/Wirkungsbeziehungen
Cachon/ Swinney 2009	Wie kann man Einkauf, Preispolitik und Quick Response Nutzung bei strategisch handelnden Konsumenten optimalisieren?	Konzeptionell	• Relativ zum maximalen Profit der optimalen Beschaffungsmenge ist der Händler weniger empfindlich hinsichtlich zu geringer Menge als hinsichtlich einer zu groß gewählten Bestellmenge • kleine Anfangsliefermengen unterbinden strategisches Konsumentenverhalten • der Vorteil von QuickResponse ist somit nicht nur die bedarfsorientierte Belieferung, sondern macht es auch möglich die Anfangslieferung einer Ware ohne spätere Negativauswirkung auf eine Menge zu reduzieren, die strategisches Konsumentenverhalten eliminiert
Naseraldin/ Herer 2008	Welcher Zusam-menhang besteht zwischen Anzahl und Standort von Verkaufpunkten und Replenishment-Entscheidungen?	Konzeptionell	• Die erwarteten Replenishment-Kosten sind eine quasikonvexe Funktion der Anzahl der Verkaufsstandorte • je mehr Transportkosten ins Gewicht fallen, desto größer ist die Anzahl der Logistikzentren zur Verteilung
Su/ Zhang 2008	Welchen Einfluss hat strategisches Kundenverhalten in spezifischen Situatio-nen auf die SC?	Konzeptionell	• Zeigt auf, dass der Händlerprofit durch bewusste Herbeiführung von Out-of-Stock erhöht werden kann, da sich das Commitment des Kunden erhöht • zeigt auf, dass eine dezentrale SC unter bestimmten Vertragsmodalitäten immer bessere Ergebnisse liefert als eine zentralisierte
Xia/ Chen/ Kouvelis	Welcher preis-gesteuerte	Konzeptionell	• Die Qualität der Koordination der SC hängt im Wesentlichen

---

[13] Vgl.: Su, Xuanming/ Zhang, Fuqiang (2008), „Strategic Customer Behaviour, Commitment, and Supply Chain Performance", *Management Science 54 (10)*, S.1760
[14] Vgl.: Cachon, Gérard/ Swinney, Robert (2009), „Purchasing, Pricing, and Quick Response in the Presence of Strategic Consumers", *Management Science 55 (3)*, S.497-498, S. 507

2008	Mecha-nismus führt je nach Wettbewerbssituationen zur effektivsten SC-Beziehungen?		von dem Fit zwischen Supplier und Buyer ab • entscheidender Faktor zur Bewertung des Fit ist die Kostenstruktur des Supplier, die auf die Beschaffungsform/ -struktur des Buyers passen muss.
Aviv 2007	Auf welchen Schlüsselvarianten basiert der Erfolg von Collaborative Forecasting? Nutzenverteilung in verschiedenen Konstellationen?	Konzeptionell	• Schlüsseldeterminanten: relative Infor-mationspotenz der SC-Partner, Reaktions-fähigkeit des Suppliers und die interne Infoübetragungsrate • höchster CF-Nutzen bei hoher Infopotenz des Suppliers, dann aber dessen Profit fraglich • Win-Win bei Handel als dominater Infosammler
Hunter/ Bunn/ Perreault 2006	Welche Beziehungen und Rückkopplungen existieren zwischen den Schlüsseldeterminanten des organisationellen Beschaffungs-prozesses?	Konzeptionell und Empirische Befra-gung mit n= 636 Branche: Mitglieder der National Association of Purchasing Management Methode: 2-stufiges Structural Equitation Modeling (SEM)	• Konzeptionalisierung von Prozess- und Situationsdeterminanten und deren Zusammenhänge Bestätigung 4 von 6 Hypothesen und Abbildung der Zusammenhänge in einer „Korrelationsmatrix"

3. Konzeption

3.1. Gedankliche Herangehensweise

Das Modell, welches in dieser Arbeit vorgestellt wird, wurde vom Verfasser der Arbeit in Zusammenarbeit mit dem Lehrstuhl für Marketing und Handel entwickelt. Ausgangspunkt war die Frage, welche Faktoren die Entscheidungen über die Ausgestaltung der Supply Chain eines Unternehmens beeinflussen. Ziel war es, ein Modell zu entwickeln, anhand dessen Fragestellungen zum tatsächlichen Marketing- bzw. Supply Chain- Management eines Unternehmens beantwortet werden können. Um dies zu gewährleisten, muss das Modell sowohl alle maßgeblichen Entscheidungsfelder abdecken, als auch die Faktoren, die zu unterschiedlichen Gestaltungsformen dieser Felder führen, miteinbeziehen. Auch sollte es die möglichen Auswirkungen in Form von Erfolgskriterien beinhalten.

Ausgehend von diesen Überlegungen und Literaturrecherche wurde ein dreistufiges Modell entwickelt.

Die hauptsächlichen Gestaltungsalternativen bestehen in der Entscheidung für eine zentrale oder dezentrale Organisationsstruktur sowie in der Frage, ob Prozesse integriert oder durch externe Partner erstellt werden.[15] Innerhalb der Gestaltung der Supply Chain wird diese Entscheidung bezüglich vier Entscheidungsfeldern getroffen. Das Modell umfasst die Hypothese,

---

[15] Vgl.: Swoboda , Bernhard/ Elsner, Stefan/ Foscht, Thomas (2009), „International standardization of retail offers and processes: An empirical study," *Proceedings of the ninth triennial conference of the Academy of Marketing Science and American Collegiate Retailing Association (AMS/ACRA),* New Orleans, USA, S. 15-16

dass die Kombination der situativen Determinanten die Entscheidungsgestaltung maßgeblich beeinflusst. Die erfolgten Entscheidungen wiederum sind verantwortlich für den Erfüllungsgrad unterschiedlicher Erfolgskriterien. Dieser unterliegt natürlich auch Umwelteinflüssen, die im Vorhinein nicht abzuschätzen waren. Auch diese werden durch das Modell abgebildet. Zusammengefasst enthält die Konzeption folgende Hypothesen:

H_1: Die Determinanten beeinflussen stark die Entscheidungen über Zentralisations- und Integrationsgrad der Entscheidungsfelder.

H_2: Die Gestaltung der Entscheidungsfelder beeinflusst zusammen mit nur bedingt vorhersehbaren externen Faktoren (Umweltfaktoren) den Erfüllungsgrad unterschiedlicher Erfolgskriterien.

Auch wenn das Modell die drei Stufen – Determinanten, Entscheidungsfelder und Erfolgskriterien – sukzessive veranschaulicht, werden in der weiteren Erläuterung zunächst die Entscheidungsfelder betrachtet, um so dem Verständnis als Ausgangspunkt zu dienen.

3.2. Entscheidungsfelder

Bei der Identifikation relevanter Entscheidungsfelder von Marketing- und Supply Chain- Prozessen greift die vorliegende Arbeit auf die Ergebnisse einer Faktoranalyse von Swoboda, Elsner und Foscht zurück. Deren Arbeit identifiziert, bezogen auf die Marketingprozesse eines Unternehmens, zwei Entscheidungsfelder. Einerseits das Feld produktorientierter Prozesse, andererseits die analytisch - systemorientierten Prozesse.[16] Letztere umfassen vor allem Markt- und Trendanalysen, die Standortplanung und weitergehend die Planung des Store-Layouts. Außerdem gehört das Qualitätsmanagement zu diesem Entscheidungsfeld.

Unter produktorientierten Prozessen im Bereich Marketing lassen sich die Warengruppenzusammenstellung, Planung von Absatz und Distribution sowie die Sortiments- und Produktentwicklung als relevant identifizieren.[17] Auch hinsichtlich der Supply Chain-Prozesse lassen sich die Entscheidungsfelder „Beschaffung" und „Logistik" identifizieren. Relevante Prozesse im Feld der Beschaffung sind die Auswahl von Beschaffungsmärkten und Lieferanten, Beschaffungsprozesse und die Logistik der Beschaffung.

---

[16] Vgl.: Swoboda/Elsner/Foscht (2009), S. 19 ; Dort wird in drei Prozessarten unterschieden. In der vorliegenden Arbeit werden die analytischen Prozesse aus Übersichts- und Zusammenhangsgründen mit den systembezogenen Prozessen zusammengefasst.
[17] Vgl.: Swoboda/Elsner/Foscht (2009), S. 19

Im Entscheidungsfeld „Logistik" finden sich Logistikprozesse, Distributions- und Instore-Logistik sowie die Auswahl von Warenwirtschafts- und Managementsystemen.[18]

Bei allen hier aufgeführten Feldern stellt sich das Management eines Unternehmens der Frage nach Zentralisations- und Integrationsgrad. Im Folgenden wird auf die Determinanten eingegangen, die diese Entscheidungen beeinflussen.

3.3. Determinanten des Modells

Nach intensiver Recherche konnten sechs Faktoren identifiziert werden, die in der Literatur immer wieder als gestaltungswirksam für Supply Chain- und Marketingprozesse genannt werden. Dies sind die Produkt- und Sortimentseigenschaften, die spezifischen Kundenbedürfnisse, unternehmensinterne Determinanten, die Struktur des relevanten Beschaffungsmarktes sowie das allgemeine Branchenumfeld und die generelle Verfügbarkeit von Informations- und Kommunikationstechnologien, sogenannten „enabling technologies".

Unter relevanten **Produkt- und Sortimentseigenschaften** sind zunächst ganz allgemein die Sortimentsbreite und -tiefe als Entscheidungsfaktoren zu nennen. Auch die Produktkomplexität und eventuell vorliegende Saisonalität beeinflussen das Marketing und die Supply Chain-Gestaltung.[19] Zusätzlich sind Transport- und Lagerfähigkeit sowie das mögliche Bestellvolumen entscheidungsrelevant.[20] Weiterhin zu nennen sind das mit einem Produkt verbundene Beschaffungsrisiko im Sinne der Versorgungssicherheit und der Erfolgsbeitrag, also die Auswirkungen auf Kosten- und Erlöspotentiale.[21] Durch Positionierung eines Produktes in einer Matrix aus Beschaffungsrisiko und Erfolgsbeitrag lässt sich die Relevanz des produktspezifischen Beschaffungsprozesses herleiten. Diese wird in der Literatur vielfach als Schlüsseldeterminante des organisationalen Beschaffungsverhalten diskutiert.[22]

Der Faktor **Kundenbedürfnisse** umfasst einerseits die individuellen Anforderungen der Kunden an die Produktqualität, nicht nur im Sinne von Materialeigenschaften, sondern mittlerweile vielfach auch als Anforderungen an Gesundheits- und Umweltverträglichkeit. Die Produktvielfalt gehört ebenso zu diesen Anforderungen.[23]

---

[18] Vgl.: Swoboda/Elsner/Foscht (2009), S. 20

[19] Vgl.: Makowski, Eugen (2003), „Perspektiven der Handelslogistik in der Baumarktbranche am Beispiel der Hornbach AG", Thexis 2003 (3), S. 53; Swoboda/ Elsner/ Foscht (2009), S. 6
[20] Vgl.: Morschett, Dirk/ Schramm-Klein, Hanna (2003), „Einfluss der Internationalisierung auf die Supply Chain des Handels", Thexis 2003 (3), S.49
[21] Vgl.: Large, Rudolf (2006), „Strategisches Beschaffungsmanagement", Wiesbaden: Gabler, S. 66
[22] Vgl.: Hunter, Gary K./ Bunn, Michele D./ Perreault Jr., William D. (2006), „Interrelationships among key aspects of the organizational procurement process", International Journal of Research in Marketing 2006 (23), S. 158
[23] Vgl.: Schönsleben, Paul/ Arlard, Robert (2003), „Von der Beschaffung hin zum Supply Chain Management", Thexis 2003 (3), S. 3; Rudolph, Thomas/ Loss, Joëlle (2003), „Multichannel Sourcing als neuer Denkansatz im strategischen Beschaffungsmanagement des Handels", Thexis 2003 (3), S. 12-13; Kotzab, Herbert (2005), „Retail logistics and Supply Chain Management" in Retailing in a SCM-perspective, Kotzab, Herbert/ Bjerre, Mogens (Hrsg.), Kopenhagen: Business School Press, S.82

Außerdem beinhaltet der Faktor, inwieweit die Kunden die Supply Chain- Gestaltung als Kernkompetenz des Unternehmens wahrnehmen.[24] Dies kann so weit gehen, dass vom Kundenverhalten die Steuerung der gesamten Wertschöpfung ausgeht.[25] Im Gegenzug sind auch **unternehmensinterne Gegebenheiten** als Determinanten für die Entscheidungen im Bereich von Marketing und der Supply Chain-Gestaltung aufzuführen. Dazu gehören zunächst Faktoren wie Unternehmensziele, -philosophie und -kultur sowie die konkrete Organisationsstruktur und die vorhandenen Managementsysteme.[26] Weiterhin zu nennen sind die Wertschöpfungstiefe sowie der Internationalisierungs- und Standardisierungsgrad der Unternehmung, bis hin zu dessen Distributionssystem und konkreten Standort-Betriebstyp-Kombinationen.[27]Zwei weitere Determinanten sind die **Struktur des relevanten Beschaffungsmarktes** und des Branchenumfeldes. Erstere umfasst vor allem Leistungs-, Kosten- und Risikomerkmale des relevanten Beschaffungsumfeldes sowie den sich daraus ergebenden relativen Wettbewerbsvorteil.[28] Darunter fallen etwa der soziale, räumliche und rechtliche Kontext,[29] Leistungsfähigkeit der jeweiligen Lieferanten[30] und nicht zuletzt die mögliche Informationstransparenz und Prozesskontrolle.[31] Hinsichtlich des **Branchenumfeldes** ist die Konkurrenzstruktur im Sinne von Konzentrations-, Zentralisations- und Vertikalisierungsgrad Einflussfaktor auf Marketing- und Supply Chain-Entscheidungen. Des weiteren spielt die Intensität der Internationalisierung eine Rolle.[32] Auch inwieweit direkte Konkurrenten Standardisierung betreiben ist als Faktor anzuführen[33] sowie die Frage, ob der für das Unternehmen relevante Absatzmarkt gesättigt ist, da dies den Wettbewerbsdruck erhöht.[34] Sechster Einflussfaktor ist die **Verfügbarkeit von Informations- und Kommunikationstechnologie.** Dazu gehört etwa die vorhandene Netzwerkstruktur und deren Kommunikationsstandards[35] Hinzu kommt, bezogen auf den Logistikbereich, die Fähigkeit zur Umsetzung von Logistikkonzepten wie Cross Docking, Just-in-Time, etc. und damit verbunden die Leistungsfähigkeit der genutzten Warenwirtschafts- und Informationssysteme.[36]

3.4. Erfolgskriterien und Umwelteinflüsse

[24] Vgl.: Makowski (2003), S. 54
[25] Vgl.: Morschett/ Schramm (2003), S.51
[26] Vgl.: Young, Stephen/ Tavares, Ana (2004), „Centralzation and autonomy: back to the future", *International Business Review*, 2004, 13 (2), S. 219, 226; Zentes, Joachim/ Swoboda, Bernhard/ Schramm-Klein, Hanna (2006) „Internationales Marketing" München: Vahlen; Bjerre, Mogens (2005), „Retail Marketing Processes" in *Retailing in a SCM-perspective*, Kotzab, Herbert/ Bjerre, Mogens (Hrsg.), Kopenhagen: Business School Press, S. 160-161
[27] Vgl.: Kotzab (2005), S. 6; Swoboda/Elsner/Foscht (2009), S. 16; Rudolph/Loos (2003), S. 12; Schönsleben/ Arlard (2003), S.2; Makowski (2003), S.53
[28] Vgl.: Zentes/ Swoboda/ Schramm-Klein (2006), S.35-36, wo im umfassenderer Überblick über die einzelnen Merkmale gegeben wird, worauf in der vorliegenden Arbeit verzichtet wird.
[29] Vgl.: Coe, Neil M./Hess, Martin „The internationalization of retailing: implications for supply network restructuring in East Asia ans Eastern Europe", *Journal of Economic Geography*, 5 (4), S. 452-545; Kotzab (2005), S. 76
[30] Vgl.: Makowski (2003), S. 53
[31] Vgl.: Hunter/ Bunn/ Perreault (2006), S. 166-167
[32] Vgl.: Young/ Tavares (2004), S. 220, 226; Zentes/ Swoboda/ Schramm-Klein (2006), S. 34; Schönsleben/ Arlard (2003), S.3; Morschett/ Schramm-Klein (2003), S.48
[33] Vgl.:Swoboda/ Elsner/ Foscht (2009), S.15-16
[34] Vgl.: Rudolph/ Loos (2003), S. 12-13
[35] Vgl.: Prümper, Wolfgang (2003), „Best-of-Class-Logistik am Beispiel des Metro MGL-Konzepts" *Thexis o.Jg.* (3), S.17; Morschett/ Schramm-Klein (2003), S. 50-52
[36] Vgl.: Morschett/ Schramm-Klein (2003), S. 51

Die das Marketing und die Supply Chain-Prozesse betreffenden Entscheidungen haben Auswirkungen, welche jedoch nicht nur durch die Entscheidungen selbst, sondern zum Teil auch
durch Umwelteinflüsse bestimmt werden. Diese lassen sich nicht immer im Sinne von Determinanten in die Entscheidung mit einbeziehen, weil sie unerwartet und plötzlich eintreten
können. Es kann sich dabei etwa um plötzliche Gesetzesänderungen nach Regierungswech-
seln oder auch um unerwartet auftretende politische Instabilität handeln. Auch Abhängigkei-
ten im Beschaffungsumfeld und unberechenbares Konkurrentenverhalten sowie eine geänder-
te Nachfrageentwicklung können solche Umwelteinflüsse darstellen. Die Erfolgskriterien,
dritte Stufe im konzeptionierten Modell, versuchen die unterschiedlichen Zieldimensionen
darzustellen, die in Supply Chain- und Marketingprozessen zum Tragen kommen. Im Vordergrund stehen bei den Supply Chain- Prozessen dabei zunächst die produkt- und finanzorien-
tierten Erfolgskriterien. Es können aber genauso strategische Kriterien weit in den Vordergrund rücken.Die Erfolgskriterien als Maß für den Zielerreichungsgrad der Unternehmensak-
tivitäten, die im Folgenden vorgestellt werden, erheben nicht den Anspruch der Vollständig-
keit, sondern sollen lediglich eine Auswahl darstellen. Die unternehmensspezifischen Kriterien hängen eng mit dessen Zielsystem zusammen.[37] Finanzorientierte Erfolgskriterien können etwa das Ausmaß der möglichen Mengenbündelung sein. Genauso kann aber eine Reduk-
tion der Redundanzen in den Unternehmensprozessen[38] wie auch eine Erhöhung des Marktanteils bzw. des Umsatzes relevant sein.[39] wie auch eine Erhöhung des Marktanteils bzw. des
Umsatzes relevant sein.[1] Hintergrund ist jedoch immer entweder die Realisation von Kosten-
einsparungspotentialen oder die Verwirklichung von zusätzlichen Margen.[40] Ein Beispiel für
produktorientierte Erfolgskriterien ist das Vermeiden von „Out-of-Stock"-Situationen. Auch
produktbezogene Qualitätskriterien[41] sind an dieser Stelle zu nennen sowie die Möglichkeit
Produkte weiter zu entwickeln.[42] Strategische Erfolgskriterien stellen oft Ziele dar, die auch
auf das Gesamtunternehmen bezogen werden könnten. So z.B. die Fähigkeit zur Übertragung
von Best-Practises oder der Grad der internen bzw. externen Integration der Standorte.[43] Weitere Beispiele für strategische Erfolgskriterien sind die Anpassungsfähigkeit an Marktgegebenheiten und an Kundenbedürfnisse.[44] Auch die Länge der Entscheidungswege kann Kriterium sein.[45] Auf der folgenden Seite wird das Gesamtmodell als Überblick dargestellt.

---

[37] Vgl.: Janz, Markus (2004) „Erfolgsfaktoren der Beschaffung im Einzelhandel", Wiesbaden: Deutscher Universitäts-Verlag, S.138-140
[38] Vgl.: Morschett/ Schramm-Klein (2003), S.49, 52
[39] Vgl.: Rudolph/ Loos (2003), S.14
[40] Vgl.: Prümper (2003), S. 17
[41] Vgl.: Makowski (2003), S.55; Large (2006), S. 48-49
[42] Vgl.: Rudolph/ Loos (2003), S. 12
[43] Vgl.: Chang, Myong-Hun/ Harrington Jr., Joseph E. (2000) „Centralization vs. Decentralization in a Multi-Unit Organization: A Computational Model of a Retail Chain as a Multi-Agent Adaptive System", *Management Science* 46 (11), S. 1433-1439; Coe/ Hess (2005),
S.465
[44] Vgl.: Swoboda/ Elsner/ Foscht (2009), S. 4
[45] Vgl.: Young/ Tavares, S.228

Abbildung 4: Überblick über das Gesamtmodell

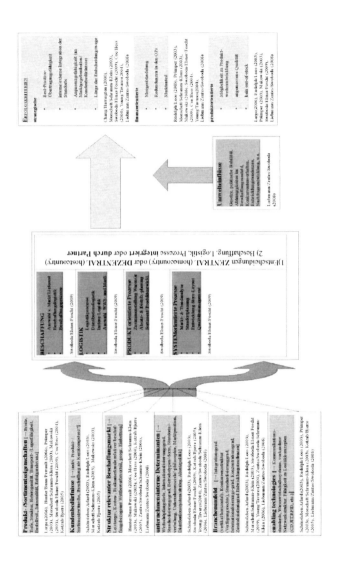

4. Die Fallstudie ZARA

4.1. ZARA – ein Unternehmen der Inditex-Gruppe

Zara ist das Aushängeschild des Inditex Konzerns, welcher 1975 durch Amancio Ortega in Galizien am Standort La Coruña gegründet wurde. Die 100%ige Tochter des „Industria de Diseno Textil"-Konzerns wird von der Fachwelt häufig als das Beispiel für Vertikalisierung schlechthin genannt. Tatsächlich ist die Vertikalisierung und die damit verbundene Supply-Chain-Kontrolle der Grund für den enormen Erfolg, den Zara in den vergangenen Jahren für sich verbuchen konnte. Neben Zara gehören weitere bekannte Marken wie z.b. Pull and Bear, Massimo Dutti, Bershka, Stradivarius und das 2008 neu gegründete Uterqüe zur Inditex-Gruppe. Zara erwirtschaftet innerhalb dieser mit 6,824 Milliarden € etwa 65,6 % vom 10,407 Milliarden starken Gesamtumsatz des Konzerns. Seit 2005 ist der Umsatz damit um rund 54,4% gestiegen. Die EBIT im Jahr 2008 lagen bei 1,608 Milliarden € und damit niedriger als im Vorjahr. Inditex beschäftigte 2008 insgesamt 89112 Mitarbeiter, davon mehr als 25000 in der Sparte Zara. Der Logistik-Bereich von Inditex umfasst alleine schon 5000 Mitarbeiter.

Seit 2008 ist die Zara über ein Joint Venture auch in Indien vertreten und zudem hat es in Griechenland den ersten öko-effizienten Store eröffnet und beschreitet damit neue Wege – nicht nur in der Imagebildung.

Insgesamt gab es Ende 2008 weltweit 1292 Zara-Filialen in 73 Ländern und 228 Zara „Kid Stores". Der Anteil von Franchise-Filialen ist mit 12% genauso hoch wie im Jahr zuvor.[46] Die globale Relevanz wird u.a. dadurch deutlich, dass Zara 2008 unter den Handelsunternehmen mit dem höchsten Markenwert weltweit Platz sechs einnimmt.[47]

4.2. Ausgangspunkt der Untersuchung

Im Folgenden wird die Gestaltung der Entscheidungsfelder bei Zara systematisch betrachtet, um aufzudecken, ob es sich hierbei um eine zentrale oder dezentrale Organisation handelt und. ob Prozesse integriert oder durch Partner geleistet werden.

Als Ausgangspunkt soll die Aussage stehen, dass es sich bei Zara um ein Unternehmen handelt, welches eine stark zentralisierte Organisationsstruktur aufweist. Den vornehmlich zentral getroffenen Entscheidungen liegt vor allem ein in hohem Maße standardisierter Upstream-Informationsfluss zu Grunde. Hinsichtlich der Prozesse besteht eine Hybridstruktur, das heißt,

---

[46] Vgl.: Liebmann, Hans-Peter/ Zentes, Joachim/ Swoboda, Bernhard (2008), „Handelsmanagement", 2.Aufl., München: Vahlen, S. 764-765; Inditex (2009), „Annual Report 2008", (09.01.10), http://www.inditex.de/en, S. 19,29,32,37,224,278
[47] Vgl.: Ohne Verfasser (2008), „Einzelhandel als Marke und Eigenmarke des Handels", *Lebensmittel Praxis, o.Jg. (8)*, S. 2

es gibt sowohl Prozesse die durch externe Dienstleister geleistet werden, als auch integrierte Prozesse. Jedoch überwiegen die letzteren deutlich, was darauf zurückzuführen ist, dass Zara ein vergleichsweise stark vertikalisiertes Unternehmen ist.

4.3. Entscheidungsfelder

4.3.1. Systemorientierte Entscheidungsfelder

„Die Filialen sind Zaras Augen und Ohren"[48]

Dies beschreibt einen der entscheidenden Wettbewerbsvorteile, die das Konzept von Zara ausmachen. Das Ladengeschäft bildet nicht wie bei vielen anderen Bekleidungshandelsunternehmen das Ende der Prozesskette, sondern es ist Ausgangspunkt einer neuen Zirkelbewegung. Dort werden systematisch Trends, Kundenwünsche, Marktsituation, Gerüchte, etc. erfasst und auf direktem Wege weitergeleitet.[49] Dies steht in einem entscheidenden Gegensatz zu der Prozessgestaltung anderer Unternehmen, bei denen der Designbereich Kollektionen basierend auf Marktanalysen 6-12 Monate im Voraus plant. Bei Zara geben die Store-Manager die Informationen weiter, die ihnen täglich begegnen, was deren Aktualität garantiert. Diese Aktualität geht durch die Geschwindigkeit der Prozesskette nicht verloren, sondern kann gewinnbringend genutzt werden. Zara setzt an diesem Punkt ein Anreizsystem ein, welches stark zur Informationsweitergabe motiviert. Bis zu 70% des Gehalts der Store-Manager besteht aus Provisionen für Informationen über Marktentwicklungen, Trends, etc..[50] Kundenwünsche, Marktbeobachtungen, Abverkaufsdaten u.Ä. können so direkt an Design, Einkauf, Produktion und Distribution kommuniziert und in Entscheidungen mit einbezogen werden[51] Durch diesen Mechanismus hat Zara sich vom traditionellen Push- und dem neueren Pull-Marketing entfernt und so ein neues „Push-Pull-Push"-Konzept geschaffen.[52]

Dieses basiert u.a. darauf, dass es Zara's Qualitätsmanagement gelungen ist, eine Infrastruktur mit kommunikationsstarken Kanälen zur Informationsweitergabe zu etablieren.[53] Sie besteht aus einem ununterbrochenen Austausch von Informationen und Daten. Während in anderen Unternehmen oft stark bürokratische Strukturen den Informationsfluss behindern oder verzögern, versucht man bei Zara die gesamte Organisationsstruktur bis hin zu operativen Prozedu-

---

[48] Tokatli, Nebahat (2008), „Global Sourcing: insights from the global clothing industry – the case of Zara , a fast fashion retailer", Journal of Economic Geography o.Jg. (8), S.29
[49] Vgl.: Janz/Swoboda (2007), „Vertikales Retailmanagement in der Fashionbranche" , Frankfurt am Main: Deutscher Fachverlag, S. 218
[50] Vgl.: Capell, Kerry (2008), „Zara thrives by breaking all the rules", *Business Week*, 9. Oktober 2008, London, (31.01.10),
    http://www.businessweek.com/magazine/content/08_42/b4104066866245.htm
[51] Vgl.: Tokatli (2008), S.21-23
[52] Vgl.: Liebmann, Hans-Peter/ Zentes, Joachim/ Swoboda, Bernhard (2008), „Handelsmanagement", 2.Aufl., München: Vahlen, S. 766-777
[53] Vgl.: Tokatli (2008), S.21-23

ren, Performance-Maßen und sogar die Ausstattung der Büros so zu gestalten, dass Informationen schnell und einfach an die richtigen Stellen gelangen und dort auch verarbeitet werden. Verwirklicht wird dies etwa durch funktionsübergreifende Teams sowie die extensive Nutzung von PDAs und sonstiger moderner Informations- und Kommunikationstechnologie. Weiterer Bestandteil des Informationsaustauschkonzeptes sind Räumlichkeiten, die spontane Meetings fördern und zudem den Austausch durch Konfrontation mit Katalogen, Zeitschriften, Prototypen und Ähnlichem anregen. Außerdem nutzt Zara eine zentrale und flache Organisationsstruktur mit kurzen Entscheidungswegen und einer unmittelbaren, vertikalen Verwirklichung, auf die später noch detaillierter eingegangen wird.[54] In der Markt- und Trendanalyse werden nicht alle Informationen gesammelt weitergegeben, sondern es gibt klar getrennte Zuständigkeiten um die Kommunikation schnell und effizient zu gestalten. In der Zentrale sind Country-Manager jeweils für eine Region in Verbindung mit einer der fünf Warenkategorien (women, women basic, TRF[55] men, children) verantwortlich. Sie beziehen ihre Informationen über die Markttendenzen ihres Bereichs einerseits durch direkten Kontakt mit den Store-Managern und andererseits durch Regionalverantwortliche. Zumeist wird der Store-Manager zweimal wöchentlich, jeweils nach der Belieferung, telefonisch kontaktiert und jede Filiale mindestens zweimal pro Jahr persönlich aufgesucht. Die Regionalverantwortlichen sind für die Marktbeobachtungen mehrerer regionaler Filialen zuständig und liefern, da sie sich auch räumlich am Ort aufhalten, zusammenfassende Berichte über regionale Trends. Um zu garantieren, dass Informationen systematisch gesammelt werden, scannt man in den Filialen jeden Tag nach Ladenschluss alle anprobierten Kleidungsstücke, die nicht gekauft wurden. Dabei wird erfasst, ob ein bestimmter Stil oder eine bestimmte Farbe vorherrschend ist bzw. ob sonstige Übereinstimmungen festzustellen sind. Diese Informationen werden sofort an die Zentrale weitergeleitet.[56] Weil dadurch die ausgesprochenen und auch die unausgesprochenen Wünsche des Kunden nicht in der Bürokratie versickern, wie es anderswo oft der Fall ist, bewirkt diese Systemstruktur eine hohe Kundenorientierung.[57]

Doch die Filialen sind nicht nur Zara's Augen und Ohren, sie spielen außerdem die größte Rolle in der Außendarstellung und Vermarktung der Marke Zara. So besitzt die Zentrale in La Coruña große räumliche Kapazitäten, genannt die „Fashion Street", um Tests zur Bewertung von Ladenbau, Schaufenstergestaltung, Warenaufbau und Merchandising durchzuführen. So wird u.a. auch der Einfluss von unterschiedlichen Lichtstärken oder Musik getestet. Vorhandene Produktlinien können je nach Filiale verschieden sein, aber die Gestaltung der Schau-

[54] Vgl.: Liebmann/ Zentes/ Swoboda (2008), S. 769-770
[55] Anmerkung des Verfassers: TRF ist eine Produktlinie, die trendige Mode für junge Frauen bereitstellt.
[56] Vgl.: Sull, Donald / Turconi, Stefano (2008), „Fast Fashion Lessons" Business Strategy Review, o.Jg. Summer 2008, S.8-9
[57] Vgl.: Ferdow, Kasra (2004), „Rapid Fire fulfilment", Harvard Business Review 82 (11), S. 107; Janz/Swoboda (2007), S. 219-220

fenster ist für jeden Store genau vorgegeben, um Aussehen und Atmosphäre der Marke Zara konsistent erscheinen zu lassen. [58] Diesen Aufwand betreibt Zara, da über die Wahl des Standorts und dessen Ausstattung Zara als exklusive Marke mit günstigem Preisniveau positioniert werden soll. Beispielsweise im Vergleich zu Esprit. [59] Große Flächen in den Filialen werden, um diese Positionierung zu verstärken, ganz bewusst freigehalten, bzw. nur spärlich mit Ware bestückt. So wird Exklusivität vermittelt und gleichzeitig die Barrierefreiheit zwischen Kunde und Ware gewährleistet. Man bemüht sich die Kleidung in den Fokus der Betrachtung zu stellen. Es herrscht daher im Vergleich zu anderen Läden, die zur Warenpräsentation teils aufwendige Dekorationen verwenden, eine etwas nüchterne, aber gediegene Atmosphäre.

Dies wird durch die hauptsächlich dunkel gehaltenen Warenträger unterstützt, welche Licht absorbieren und die Aufmerksamkeit somit auf die bewusst gesetzten Akzente lenken. [60] Alle zwei Wochen sendet die Zentrale neue Anweisungen zur Umgestaltung des Store-Layouts an die einzelnen Standorte. [61] Weiterhin wird durch regelmäßige Neuerungen der grundlegenden Ladengestaltung die Gefahr gebannt, das Image der Exklusivität mit der Zeit zu verlieren. So wird nahezu jede Zara-Filiale alle 4-5 Jahre einem „Facelifting" unterzogen. [62] Die Planung und Entwicklung der Konzepte zur Filialgestaltung übernimmt Zara's Unternehmenszentrale selbst. [63] Die Ausführung überträgt man jedoch externen Partnern. [64] Besagte Vorgehensweise ist geradezu typisch für Zara. Jegliche Entscheidungskompetenz und Koordination wird im Unternehmen belassen. Prozesse, die jedoch die Flexibilität der Supply Chain nicht berühren oder Risiken bergen, können soweit erforderlich an externe Anbieter delegiert werden. Zu dieser Strategie gehört auch Zara's Expansionspolitik, die vorsieht, Filialen in eher riskanten Ländern an Franchise-Partner zu vergeben, wohingegen die Filialen z.B. im sicheren Mitteleuropa vollständig in die Wertkette Zara's integriert sind. [65]

Festzuhalten ist, dass Zara nur 0,3% seines Umsatzes für Werbemaßnahmen ausgibt. Im Branchendurchschnitt sind es ca. 3,5%. Trotzdem besucht ein Zara-Kunde etwa 17mal pro Jahr Filialen des Unternehmens, was fast sechs mal so häufig ist, wie bei den Konkurrenten der Branche. [66] Zara's Strategie besteht nicht darin Geld in Werbung zu investieren, sondern Läden in Top-Lagen zu betreiben, die nach allen Seiten sichtbar sind. Aus dieser Position

[58] Vgl.: Janz/Swoboda (2007), S. 219; Sull/ Turconi (2008), S. 10
[59] Vgl.: Tokatli (2008), S.28
[60] Vgl.: Janz/Swoboda (2007), S. 218
[61] Vgl.: Gallaugher, John M. (2008), „Zara Case: Fast Fashion from Savvy Systems",(31.01.10),
    http://www.gallaugher.com/Zara%20Case.pdf, S. 6
[62] Vgl.: Tokatli (2008), S.28
[63] Vgl.: Gallaugher (2008), S. 6
[64] Vgl.: ohne Verfasser (2010), (09.01.10),http://www.maenz-hamburg.com/de/referenzendetail.php?kat=8&referer=start;
    http://www.fronz.de/ladenbau.htm, http://www.montom.de; http://www.fnweb.de/pdf/firmenportrait/real_innenausbau.pdf;
    http://www.schlegel-ladenbau.de/index.php?id=122; http://www.svf-steinveredelung.de

[65] Vgl.: Tokatli (2008), S.21-23
[66] Vgl.: Gallaugher (2008), S. 6

heraus nutzt Zara Standort, Filiallayout und kurze Produktlebenszyklen als Marketinginstrumente gegenüber den Konkurrenten.[67] Out-of-Stock-Situationen werden nicht nur toleriert sondern teils bewusst herbeigeführt. All dies soll den Konsumenten das Gefühl geben keine Massenwaren zu erhalten und die Chance zum Kauf zu verpassen, wenn sie nicht direkt zugreifen.[68] Gerade mit dem zuletzt aufgeführten Punkt hat Zara eine erfolgreiche Strategie gegenüber den immer häufiger strategisch handelnden Konsumenten entwickelt.[69]

4.3.2. Produktorientierte Entscheidungsfelder

„Styles, colors, fabrics – we don't guess any of these things. We are a business catering to demand and we've never made any secret of that. But we need to know what the trends are, so we follow them through magazines, fashion shows, movies and city streets. We use trend-trackers and forecasting companies. We keep our eyes open"[70]

Diese Aussage trifft das Basiskonzept der Produkt- und Sortimentsentwicklung von Zara relativ gut. So ist das Design als Geschäftsprozess vollständig in die Supply Chain eingegliedert und sein Rahmen eng gebunden an die aus den Filialen kommenden Informationen wie z.B. Abverkaufsdaten und Kundenwünsche. Es werden Produkte designt, für die notwendige Stoffe, etc. schon vorhanden sind, damit keine Wartezeiten entstehen. Außerdem steht nur eine begrenzte Anzahl von Mustern zur Verfügung. Der Designbereich befindet sich in der Unternehmenszentrale in La Coruña und unterliegt damit auch deren zentraler Steuerung.[71] Längerfristigere Vorhersagebemühungen Zara's konzentrieren sich vornehmlich auf die Stoffart. Diese wird meist ungefärbt eingekauft und lässt sich zu gegebenem Zeitpunkt in die verschiedensten Farben einfärben und zu unterschiedlichster Kleidung verarbeiten.[72] Häufig wird das Designkonzept von Zara auch als „design on demand" bezeichnet, denn es basiert auf dem ununterbrochenen Austausch von aktuellen Informationen.[73] Zara besitzt kein „klassisches Design", sondern seine Designer adaptieren von der Haute Couture, von Fashion Shows und Mainstream Konsumenten und setzen diese Adaptionen sofort in die Produktion und Markteinführung von Produkten um.[74] Nur 15-25% des Sortiments wird bereits sechs Monate vor der Saison entworfen und produziert. In der traditionellen Bekleidungsbranche sind es 45-

[67] Vgl.: Dutta, Devangshu (2002), „Retail @ the speed of fashion", (09.01.10), http://3isite.com/articles/ImagesFashion_Zara_Part_I.pdf; Ohne Verfasser (2010), „Zara's Business Model, Information and Communication Technologies and Competitive Analysis", (09.01.10), http://www.123helpme.com/view.asp?id=97642
[68] Vgl.: Ferdow (2004), S. 106, Tokatli (2008), S.31; Janz/Swoboda (2007), S. 218
[69] Vgl.: Cachon/ Swinney (2009), S. 497-498
[70] Vgl.: Zitat eines Pressesprechers von Zara in: Tungate, Mark (2005) „ Fashion Brands: branding Styles from Armani to Zara", London und Sterling: Kogan Page, S. 52
[71] Vgl.: Liebmann/ Zentes/ Swoboda (2008), S.768-769
[72] Vgl.: Dutta, Devangshu (2002)
[73] Vgl.: Janz/Swoboda (2007), S. 220
[74] Vgl.: Tokatli (2008), S.21-23

60%.[75] Dies bietet einen klaren Vorteil, denn „if you produce what the street is already wearing, you minimize fashion risks"[76]

Die Produktion von kleinen Losgrößen unterstützt dies zusätzlich, da unwirtschaftliche Produkte schnell aus dem Sortiment verschwinden können, wenn die zentrale Absatzplanung nicht genau genug war.[77]

Da die Bereiche Damen-, Herren- und Kinderbekleidung getrennt voneinander organisiert werden, gibt es für jede Division eine eigene Halle mit eigenständigem Design, Einkauf, Produktionsplanung und Vertrieb im zentralisierten Produktions- und Designzentrum, welches in direkter Nähe zum Hauptquartier liegt.[78] Die Produktions- und Absatzplanung geschieht in Abstimmung mit den Store-Managern, die, obwohl sie nicht vollkommen autonom handeln, doch größeren Einfluss auf das Filialsortiment haben, als bei anderen Bekleidungshändlern. 24 Stunden vor den festgelegten Bestellzeitpunkten der Woche erhält der Storemanager ein durch bisherige Verkaufsdaten auf die Filiale abgestimmtes Bestellformular. Die Aufgabe wird innerhalb der Filiale allerdings warenkategoriebezogen aufgeteilt. Die daraus entstehenden „Bestellvorschläge" gehen an den Filialchef zurück, der diese aggregiert und als Bestellung an die Unternehmenszentrale weiterleitet. Allerdings ist es so, dass die letzte Entscheidung bei den Marktspezialisten in der Zentrale liegt. Besonders wenn die Nachfrage das Angebot übersteigt, entscheidet die Zentrale, ob und welche Menge des Produkts eine Filiale erhält. Die Entscheidung wird auf Basis der effektivsten Verkaufszahlen getroffen. Auch enthalten die Lieferungen teils nicht angeforderte Ware wodurch die Vermutung nahe liegt, dass die Einschätzungen der Store-Manager nicht alleinig den Ausschlag geben.[79]

Zwar steht nicht zur Debatte, dass Zara den Großteil seiner Produkte selbst designt, dennoch ist es mittlerweile fraglich, ob Zara wirklich alle Designs integriert und zentral in La Coruña erstellt. So argumentierte Zara bei einer Rückrufaktion von Umhängetaschen, deren Muster ein grünes Hakenkreuz enthielt, dass dieses auf dem Entwurf aus Indien nicht erkennbar war.[80] Auch besteht eine Zusammenarbeit zwischen Inditex und einer Textilien-Einkaufs-Agentur namens „Bigi", die Designs aus Anregungen in Japan, Südkorea, Malaysia, Indonesien und Indochina liefert, welche dann in China hergestellt werden.[81] Dennoch soll sich die

---

[75] Vgl.: Janz/Swoboda (2007), S. 220
[76] Capell (2008)
[77] Vgl.: Tokatli (2008), S.32
[78] Vgl.: Ferdow (2004), S. 107
[79] Vgl.: Ohne Verfasser (2010), http://www.123helpme.com/view.asp?id=97642
[80] Vgl.: Cacéres, Javier (2007), „Anstößiges Accessoire", (09.01.10) http://www.sueddeutsche.de/leben/498/419262/text/
[81] Vgl.: Tokatli (2008), S. 33

hier vorliegende Betrachtung auf den integrierten, zentralen Designbereich von Zara konzentrieren, da dieser den größten Teil der produzierten Textilien entwirft.

Zara's zentraler Designbereich arbeitet nicht abgekoppelt, sondern mitten in der Produktion und somit in Kontakt zu Produktionsplanung, Einkauf und Marktspezialisten. Entwürfe werden – nach Abstimmung mit den Verantwortlichen – nach dem Entwurf auf CAD-Systemen, mittels moderner Informationstechnologie in Realzeit an die jeweiligen Maschinen übermittelt. Das Unternehmen leistet sich ein großes Team von ca. 200 Designern, die meist unerfahren sind und direkt von der Hochschule kommen. Sie arbeiten in Teams zusammen, die dem Rotationsverfahren unterliegen, um Erfahrung und Innovationsprozesse zu stärken. Individuelle Boni sind an den Gruppenerfolg geknüpft. So wird der schon im vorherigen Gliederungspunkt angesprochene Informations- und Meinungsaustausch weiter begünstigt.[82] Der Umfang der Designabteilung ist auch in der Geschwindigkeit der Entwurfsproduktion zu begründen, die Zara realisiert. Denn das Handelskonzept besteht auf dem beständigen Entwurf und der schnellen Versorgung mit kleinen Losgrößen neuer Produkte. So werden pro Jahr etwa 40.000 neue Designs entworfen, von denen ca. 10.000 als Produkt eingeführt werden.[83] Die beständige Einführung neuer Produkte in kleiner Anzahl reduziert ironischerweise die Kosten, die normalerweise durch Out-of-Stock-Situationen entstehen würden. Zara forciert sogar Out-of-Stock, da dies, wie in Abschnitt 4.3.1. angesprochen, die Exklusivität der Waren steigert und den Verkauf anderer Ware ankurbelt. So existiert in der Distributionsplanung eine interne Anweisung unverkaufte Artikel nach 2-3 Wochen aus den Auslagen zu entfernen.[84] Auch steht der von der Zentrale zeitlich limitierte „Schlussverkauf", der zweimal pro Jahr stattfindet, in Kontrast zu den viel häufigeren Preisreduzierungen anderer Textilanbieter.[85] Zudem hat Zara dadurch, dass es große Teile seiner Supply Chain zu 100% kontrolliert, die Möglichkeit Prozesse zu verzögern. Hierauf wird im nächsten Abschnitt genauer eingegangen. Durch solche Verzögerungen kann Zara beispielsweise die Preissetzung eines Artikels relativ kurzfristig an die jeweilige Marktsituation anpassen.[86]

4.3.3. Entscheidungsfelder im Bereich Logistik und Beschaffung

Wie schon bei den Informationen zu Marktanalysen und Absatzplanung deutlich wurde, konfiguriert Zara seine Businessprozesse in einer Multi-Channel-Struktur. Durch die Auf- brechung von Material- und Informationsströmen in kleinere Einzelströme ist das komplexe Ver-

[82] Vgl.: Gallaugher (2008), S. 4; Ferdow (2004), S. 107; Liebmann/ Zentes/ Swoboda (2008), S.768-770
[83] Vgl.: Janz/Swoboda (2007), S. 219-220; Ferdow (2004), S. 107
[84] Vgl.: Ferdow (2004), S. 108
[85] Vgl.: Dutta (2002)
[86] Vgl.: Tang, Christopher/ Tomlin, Brian (2008), „The power of flexibility for mitigating supply chain risks" *International Journal of Production Economics o.Jg. (116)*, S. 22

sorgungsnetz einfacher zu koordinieren.[87] Zara arbeitet mit einem Netzwerk von 1186 Zulieferern.[88]

Hinsichtlich seiner Beschaffungsprozesse unterscheidet Zara in zwei Kanäle, die nach ihrer unterschiedlichen strategischen Bestimmung konfiguriert werden. Ein Kanal bewältigt die Beschaffung von Basisprodukten mit geringem Fashionanteil, wie beispielsweise Shirts in klassischen Farben. Da diese Ware nur geringen Absatzrisiken unterliegt, wird sie zu einem frühen Zeitpunkt jeweils für die Frühling-Sommer- bzw. die Herbst-Winter-Saison beschafft. Zara betreibt hierfür eine Einkaufsgemeinschaft mit Massimo Dutti, einer anderen Inditex-Marke. Für die Beschaffung der Basisprodukte werden hauptsächlich externe Langzeitpartner aus Mexiko und Asien genutzt. Durch niedrige Lohnkosten und große Bestellvolumina realiert man hier Kostenvorteile. Inditex unterhält zu diesem Zweck auch drei sogenannte „low profile companies" in Hongkong – Inditex Asia, Vastgoet Asia und Zara Asia – die im Bereich Einkauf tätig sind. Man verlässt sich also in dieser Hinsicht nicht auf Kontaktpersonen, sondern wird selbst tätig. Der Anteil dieses Kanals an der Gesamtbeschaffung liegt bei 20-34% (die Quellen nenne hier ganz unterschiedliche Zahlen), wobei allein ca. 12,5% auf China entfallen.[89] In Vietnam lässt Zara u.a. von Vinatex und der Nha Be Garment Joint-Stock Company produzieren.[90] Innerhalb dieses Beschaffungskanals nimmt Zara eine geringe Flexibilität hinsichtlich Auftragsquantität und Zeitrahmen in Kauf.[91]

Der zweite Kanal dient zur Beschaffung der Textilien mit höherem Fashionanteil, bzw. zur direkten Umsetzung der erfassten Trends in neue Produkte. Zara produziert solche Produkte größtenteils selbst und bedient sich eines ausgedehnten Zulieferernetzwerkes in Europa und Nordafrika. Alleine in Spanien und Portugal hat das Unternehmen 400 Zulieferer die Produktionsteilaufgaben übernehmen. Die strategische Ausrichtung dieses Kanals liegt nicht in der Realisation von Kostenvorteilen, sondern darin, schnellstmögliche Einkaufsdurchlaufzeiten und bestmögliche Quick-Response zu realisieren.[92] Hier weisen die Beschaffungsaktivitäten hybride Strukturen auf. Große Teile der Produktion von Waren mit hohem Fashionanteil übernimmt das Unternehmen selbst. In der Regel wird der Zuschnitt, sowie die Endfertigung von Zara bewerkstelligt. Dazu können Designdaten direkt vom CAD-Programm zu den Schneidemaschinen übertragen werden. Arbeitsintensive Produktionsprozesse übernehmen

[87] Vgl.: Romano, Pietro (2009), „How can fluid dynamics help SCM?" *International Journal of Production economics o.Jg. (118),* S.470
[88] Vgl.: Inditex (2009), „Annual Report 2008", (09.01.10), http://www.inditex.de/en, S. 29
[89] Vgl.: Romano, Pietro (2009), S.466; Tokatli (2008), S.32, 34
[90] Vgl.: Buisman, L./Wielenga, G.J. (2008), „Textile & Garment Industry in Vietnam", *International Business Research Vietnam 2008,* Groningen: Faculty of Economics and Business, S. 27; Tokatli (2008), S.35
[91] Vgl.: Tang/ Tomlin (2008),S. 16
[92] Vgl.: Romano (2009), S.466; Tokatli (2008), S.30

häufig kleine Subunternehmungen in räumlicher Nähe zum Hauptquartier.[93] Für diese Unternehmen ist Zara in der Regel Allein- oder zumindest Hauptabnehmer und verfügt somit über eine gewisse Einflussnahme.[94] In vielen Fällen wird den Subunternehmen das benötigte Material von Zara zur Verfügung gestellt.[95]

In direkter Nähe zur Zentrale in La Coruña befindet sich ein großes Produktionszentrum von Zara, in dem nach den Divisionen „Mann", „Frau" und „Kind" in unterschiedlichen Hallen sowohl produziert wird, als auch teilweise die schon unter 4.3.1. und 4.3.2. angesprochene Prozesse stattfinden.[96]

Außerdem verfügt Zara über 14 Tochtergesellschaften zur Textilproduktion, davon 13 in Spanien und eine in Litauen, welche fast alle zu 100% von Zara kontrolliert werden.[97] Aber auch die Vorstufe zur Produktion, die Stoffbeschaffung und dessen Färbung, sind bei Zara zu großen Teilen integriert. Etwa 40% der Stoffe kommen von der 100%igen Tochtergesellschaft Comditel S.A. in Barcelona. Des weiteren besitzt Inditex besagte drei Textileinkaufstochtergesellschaften in Asien sowie ITX Trading S.A. in der Schweiz und Fibracolor S.A. in Barcelona. Das letztgenannte Tochterunternehmen liefert neben Stoffen zudem die Färbemittel für Zara.[98]

Festzuhalten ist demnach, dass Zara durch Kapitalanteile oder halb-hierarchische Verbindungen direkte Kontrolle auf alle „kritischen" Versorgungsnetzwerkstufen" ausübt. Diese „totale" Vertikalisierung gibt Zara einen Kontrollgrad über Zeitpläne und Kapazitäten, den das Unternehmen bei unabhängigen Zulieferern nie erreichen könnte. Grundsätzlich werden in diesem Kanal keine Mengen eingekauft, sondern Kapazitäten, die so gewählt sind, dass im Normalbetrieb keine volle Auslastung besteht. Somit kann auf Nachfrageschwankungen flexibel und vor allem schnell reagiert werden. Auch ermöglicht die starke Vertikalisierung Produktionsschritte wie etwa das Färben der Stoffe hinauszuzögern, wodurch auf Trendwechsel in der Saison besser reagiert werden kann. All dies bewirkt, dass Zara im Stande ist, einen Großteil seiner Produkte erst in der Saison zu produzieren, da die Produktionsdurchlaufzeit bei 15-30 Tagen liegt.[99]

---

[93] Vgl.: Ferdow (2004), S. 109; Romano (2009), S.466
[94] Vgl.: Ferdow (2004), S. 109
[95] Vgl.: Janz/ Swoboda (2007), S. 216
[96] Vgl.: Ferdow (2004), S.107
[97] Vgl.: Inditex (2009), S. 61-62
[98] Vgl.: Romano (2009), S.465; Inditex (2009), S. 61-62; Ferdow (2004), S. 109
[99] Vgl.: Romano (2009), S. 466; Ferdow (2004), S. 109; Ohne Verfasser (2008), „Fashion Forward", *Foreign Policy November/Dezember 2008*, (09.01.10), http://www.foreignpolicy.com/story/cms.php?story_id=4500; Smith, Jeremy (2008), „Fast Fashion", *World Trade Dezember 2008*, S. 54

Zusammenfassend kann man demnach über die Beschaffungsaktivitäten Zaras sagen, dass bei Basisprodukten Kostenziele realisiert werden, auch wenn dafür lange Kanäle und verstreute Zulieferer genutzt werden müssen. Ist die strategische Ausrichtung jedoch die schnelle Reaktion auf Kundenbedürfnisse, so nutzt Zara kurze Kanäle und Vertragspartner in geografischer Nähe, die zudem stark an das Unternehmen gebunden sind. Dabei nimmt Zara zur Realisation von Geschwindigkeit auch Kostennachteile in Kauf. So sind die Produktionskosten in diesem Kanal 15% höher als bei der Konkurrenz. Einerseits durch die Produktion in Europa, die quasi eine Belieferung über Nacht ermöglicht, aber auch, da größere Mengen eines Produkts erst gefertigt werden, wenn es sich am Point of Sale als gut verkäuflich erwiesen hat.[100]

Betrachtet man die Kosten der Produktion in Europa, so sollte bedacht werden, dass Inditex als einer der größten Arbeitgeber in Spanien zum Teil erhebliche Zuwendungen und Steuervorteile der spanischen und galizischen Regierung erhält, was die dortige Produktion natürlich konkurrenzfähiger macht.[101] Ein weiterer Punkt der die starke Vertikalisierung Zaras erklären kann, ist die Tatsache, dass existierende Beschaffungskanäle in Spanien unterentwickelt waren. Viele Großhändler waren nach einer Rezession bankrott. Außerdem gab es Firmen, die mit Outsourcing bereits Negativerfahrungen gemacht hatten. All diese Faktoren begünstigten die Entwicklung der Vertikalisierung von Zara.[102]

Inditex und damit auch Zara hat Förderprogramme für seine Lieferanten. Im Gegenzug besteht das Unternehmen auf die Einhaltung seines 2001 festgelegten „Code of Conduct". In diesem sind Standards bezüglich der Arbeitsbedingungen und der sozialen Verantwortung gegenüber den Mitarbeitern beschrieben. Zara erwartet die verbindliche Einhaltung dieser Regeln von allen Produktionsstätten und Zulieferern sowie die Möglichkeit Zaras dies regelmäßig zu kontrollieren. Der „Code of Conduct ist somit neben Kosten und Durchlaufzeit, ein weiteres Kriterium in der Auswahl von Lieferanten.[103] Dessen objektive Gewichtung fällt allerdings schwer, da man zwischen der Außendarstellung von Inditex und teilweise negativer Berichterstattung in den Medien abwägen muss.[104]

Neben den zur Beschaffung gehörenden Prozessen, wird in diesem Abschnitt auch ein Überblick über die Gestaltung von Logistikprozessen gegeben. Zara verfolgt auch in diesem Teil der Wertkette die Strategie, kritische Prozesse ins Unternehmen zu integrieren und arbeitsin-

[100] Vgl.: Janz/Swoboda (2007), S. 217; Romano (2009), S.469; Ohne Verfasser (2008), http://www.foreignpolicy.com/story/cms.php?story_id=4500; Capell (2008)
[101] Vgl.: Janz/Swoboda (2007), S. 217
[102] Vgl.: Tokatli (2008), S.28
[103] Vgl.: Janz/Swoboda (2007), S. 217, 219
[104] Vgl.: Berwin, Lisa (2008), „Zara forces supplier factory closure", RetailWeek 24.06.08; (09.01.10), www.retail-week.com%2Fzara-forces-supplier-factory-closure%2F1628265.article&anno=2; Ohne Verfasser (2008), „Zara forces closure of Indian plant", (09.01.10), http://www.procurement-online.com/news/7435; Ohne Verfasser (2007), „Zara owner lays down ethics for Moroccan suppliers", (09.01.10), http://uk.reuters.com/article/idUKL2764574420070627

tensive Schritte durch externe Partner leisten zu lassen. So reguliert und kontrolliert Zara seine Logistik selbst, gibt den Transport jedoch zumeist an Anbieter vor Ort ab.[105]

Dazu gehört beispielsweise der spanische Transportdienstleister Azkar, der für Zara vor allem den Straßentransport der Ware von Inditex' Logistikzentrum „Plaza" in Zaragoza hin zu den europäischen Filialen übernimmt.[106]

Geht der Transport nach Übersee, so wird er über den Luftweg durchgeführt. Zara hat hierbei zur Optimierung seiner Warenströme u.a. Kooperationen mit Air France, KLM Cargo und Emirates Air. Bei der Warendistribution wird die Rückstrecke genutzt um Rohmaterialien oder unfertige Produkte nach Spanien zu transportieren. Läuft die Beschaffungslogistik von Basisprodukten über den Seeweg, so nutzt Zara vor allem die Häfen Antwerpen, Zeebrügge, Amsterdam und Rotterdam als Umschlagplätze.

Alle distributionsbereiten Produkte werden zunächst an die zentralen Logistikzentren in La Coruña und Zaragoza geliefert. Ersteres ist etwa so groß wie 90 Footballfelder zusammen und verfügt über ein ca. 90 km langes Schienennetz, welches die Waren voll automatisiert zu den Lkws transportiert. Hierzu werden optische Scanner eingesetzt. Vorher werden die Produkte jedoch einer Qualitätsprüfung unterzogen, gebügelt und mit Preis- und Sicherungsetikett versehen, um Zeit in der Instore-Logistik zu sparen. Trotzdem bleibt keines der wöchentlichen 2,5 Millionen Produkt länger als 72 Stunden im Distributionszentrum. Sowohl Logistik, als auch die Distribution erfolgen in straff organisierten Zeitfenstern, an die sich alle Beteiligten halten müssen.[107]

Auch in seinen Logistikprozessen verfolgt Zara die Strategie, Kapazitäten für unvorhergesehene Entwicklungen freizuhalten. So arbeiten im Distributionszentrum normalerweise 800 Personen acht Stunden pro Tag. Das bedeutet allerdings, dass nur vier Tage in der Woche vollschichtig und die restlichen drei mit nur ein bis zwei Schichten gearbeitet wird. Ergibt sich kurzfristig eine höhere Nachfrage o.Ä., so ist es möglich mit bis zu 400 weiteren Kräften zu arbeiten um die Durchlaufzeiten auf konstant niedrigem Niveau zu halten.[108]

Das Logistikzentrum in Zaragoza ist ähnlich aufgebaut und bietet als weitere Vorteile gegenüber La Coruña seine zentrale Lage in der Mitte der Ballungsräume Barcelona, Bilbao, Mad-

[105] Vgl.: Werthmann, Elisabeth (2007), „Stradner transporte expandiert nach Slowenien und Kroatien", *Wirtschaftsblatt, o.Jg. Heft Nr. 2985,* Sonderthema Logistik & Transport, S.39
[106] Vgl.: Müller, Stefanie (2008), „Azkar schaut nach Deutschland", *Deutsche Verkehrszeitung, o.Jg., 05.02.2008,* S. 1-3
[107] Vgl.: Janz/Swoboda (2007), S. 217; Gallaugher (2008), S. 5; Dutta (2002); Logistikportal Nordrheinwestfalen, (09.01.10), http://www.logistik.nrw.de/index.php?id=481
[108] Vgl.: Ferdow (2004), S. 109

rid und Valencia. Neben einem Gleisanschluss gibt es einen internationalen Flughafen, der auch für große Frachtmaschinen geeignet ist. Das Gebiet bietet zudem qualifiziertes Humankapital, da sich einerseits das 2003 gegründete Zaragoza Logistics Center (ZLC) und des weiteren eine Außenstelle des renommierten Massachusetts Institute of Technology (MIT) Boston dort befinden. Diese beiden Institutionen arbeiten in einer Kooperation an neuen Konzepten und Technologien für eine effektive Logistik.[109]

Ist ein Unternehmen so wie Zara nach der Maßgabe organisiert die Supply-Chain nach Geschwindigkeit und Effizienz von Waren- und Informationsströmen zu gestalten, so ist es einfacher einen beständigen Rhythmus zu generieren.[110] Zara verwirklicht diese Praxis dadurch, dass es die Taktung und Synchronisation seiner Warenströme optimiert und genaue Zeitfenster für alle Beteiligten festlegt. Alle Lkw- und Luftfrachtverbindungen laufen über einen festgelegten Zeitplan, ähnlich wie ein Busfahrplan, um die Filialen zweimal pro Woche beliefern zu können.[111] Die Filialen in Spanien und Südeuropa machen Ihre Warenbestellung zweimal pro Woche, mittwochs bis um 15 Uhr und samstags bis um 16 Uhr. Alle anderen Standorte bis dienstags 15 Uhr und freitags 18 Uhr.[112] In das Timing und die Synchronität seiner Supply-Chain tätigt Zara hohe Kapitalinvestitionen, um die Performance selbiger als Ganzes zu verbessern.[113] Als relativer „latecomer" auf dem Textilmarkt konnte Zara von Anfang an mit der neuesten Informationstechnologie arbeiten, ohne dafür alte, eventuell noch unamortisierte Technik abzulösen. Dies verschaffte dem Unternehmen sicherlich einen Vorteil beispielsweise gegenüber Gap oder H&M.[114] Um seine Kompetenzen in der Logistik zu optimieren, werden auch Kooperationen eingegangen und Optimierungen von externen Partnern eingekauft. So nutzen die Produktions- und Distributionsstätten von Inditex ein zusammen mit Toyota entwickeltes JIT-System. Auch die Filialen sind über automatische Bestandssysteme mit den Produktionsstandorten verbunden. Die Bewegungen von Einzelteilen können innerhalb der Prozesskette anhand von Barcodes genau nachverfolgt werden.[115]

Als Zentralstelle zur Verwaltung und Kontrolle für Warenströme der globalen Seefracht, hat sich Inditex von GT nexus eine „on-demand"-Plattform im Internet einrichten lassen. Über selbige kann das Unternehmen jederzeit detaillierte Event- und Statusinformationen all seiner Containersendungen weltweit abrufen und Handelsdokumente austauschen. Damit wird die

[109] Vgl.: Ohne Verfasser (2007), „Spanisches Logistikherz", *Logistik Heute, o.Jg (10)*, S. 54; http://www.lexisnexis.com/de/business/results/docview/docview.do?docLinkInd=true&risb=21_T8255022341&format=GNBFI&sort=B OO-LEAN&startDocNo=1&resultsUrlKey=29_T8255022344&cisb=22_T8255022343&treeMax=true&treeWidth=0&csi=258643&docNo= 14
[110] Vgl.: Ferdow (2004) S. 110
[111] Vgl.: Ferdow (2004), S. 109
[112] Vgl.: Tokatli (2008), S.30
[113] Vgl.: Janz/Swoboda (2007), S. 223; Ferdow (2004), S. 107
[114] Vgl.: Tokatli (2008), S.27
[115] Vgl.: Smith (2008), S. 54; Capell (2008)

Kommunikation mit Inditex' globalem Reedereinetzwerk automatisiert und eine größere Transparenz geschaffen. Letztere soll es den Distributionszentren ermöglichen pro-aktiv den Warenbedarf des Filialnetzes besser bedienen zu können. Die Plattform, welche eine vollständig papierlose Abwicklung der Logistik ermöglicht, soll zu einem späteren Zeitpunkt auch auf die Luftfracht ausgeweitet werden.[116]

Alle Investitionen und Organisationsbemühungen Zaras werden mit dem Ziel getätigt die Flexibilität und Reaktionsfähigkeit der Supply-Chain zu gewährleisten und die Durchlaufzeiten gering zu halten. Wie nun an vielen Prozessen erläutert wurde, sind die Informations- und Kommunikationsprozesse sowie die Warenströme der Supply-Chain von Zara standardisiert und zentral gesteuert.[117]

5. Bewertung der Entscheidungsfelder anhand der Erfolgskriterien

Nachdem im Abschnitt 4 eine detaillierte Betrachtung der Entscheidungsgestaltung in Zara's Supply-Chain- und Marketingprozessen erfolgt ist, sollen diese zum Abschluss im Lichte der Erfolgskriterien des Modells betrachtet werden. Im Vergleich zu seinen Mitbewerbern gibt Zara wenig Kontrolle über seine Supply-Chain ab. Das Unternehmen designt und vertreibt seine Produkte selbst und vergibt weniger Produktionsanteile nach außen als die Konkurrenz. Außerdem besitzt Zara nahezu alle Filialen selbst. Nur ein geringer Anteil läuft über Franchise. Dies verleiht mehr Macht über das Bestandsmanagement und erlaubt den Direktkontakt zum Konsumenten, der kritischen letzten Stufe der Versorgungskette.[118] Zara's Vertikalisierung in Verbindung mit dessen effizienter Logistik ermöglicht es schneller als die Konkurrenz auf Veränderungen der Marktnachfrage zu reagieren und an der Nachfrage ausgerichtet sowohl just-in-time zu produzieren, als auch auszuliefern.[119] Voraussetzungen für diese Flexibilität sind vor allem die verbindliche Freihaltung von zur Verfügung stehenden Kapazitäten in Produktion und Transport.[120] Der integrierte Datenfluss bewirkt eine Verzahnung und Parallelisierung von Design, Beschaffung und Verkauf.[121]

Auf Ebene der strategischen Erfolgskriterien realisiert Zara demnach eine starke Anpassungsfähigkeit an Marktgegebenheiten und Kundenbedürfnisse. Das Unternehmen hat es geschafft kurze Entscheidungswege zu schaffen und gerade durch die starke Integration aller Standorte

[116] Vgl.: Ohne Verfasser (2009), „Modekonzern Inditex macht globale Warenströme über GT Nexus Logistikplattform transparent",*press releases*, (09.01.10), http://www.gtnexus.com/press_room/press_releases.php?releaseID=137
[117] Vgl.: Dutta (2002)
[118] Vgl.: Ferdow (2004), S. 108/109
[119] Vgl.: Semmann, Claudius (2008), „Der Anzug für die Lieferkette wird immer enger", *Deutsche Verkehrszeitung, o.Jg. 11.09.2008;* Janz/Swoboda (2007), S. 218
[120] Vgl.: Smith (2008), S. 54
[121] Vgl.: Janz/Swoboda (2007), S. 222

in die Prozesskette und die Standardisierung der Informations- und Kommunikationskanäle eine hohe Kompetenz in der Übertragung von „Best-Practises" zu erwerben. Eines der großen Erfolgsgeheimnisse Zaras ist die Fähigkeit eine Umgebung aufrecht zu erhalten, die die Optimierung der Supply-Chain als Ganzes bewirkt.[122]

Hinsichtlich der produktorientierten Erfolgskriterien ist festzustellen, dass Zara durch sein „design on demand", mittels eines umfassenden Quick-Response-Systems, die Möglichkeit zur optimierten Produktweiterentwicklung besitzt. Die Maxime Out-of-Stock-Situationen zu vermeiden kann bei Zara nicht in der traditionellen Form angelegt werden, da es das Unternehmen versteht Out-of-Stock als den Gewinn und das Image fördernde Maßnahme einzusetzen.[123]

Hinsichtlich der finanzbezogenen Kriterien ist zu beobachten, dass es bei Zara zwar verstärkt Redundanzen in den Operationen gibt, es jedoch durch die mit den Redundanzen verbundene, gesteigerte Reaktionsfähigkeit der Supply-Chain zu weitreichenden Kostenvorteilen kommt. Die Lagerkosten der Konkurrenz sind beispielsweise um ein Vielfaches höher, da diese ihre Bestellungen eine Saison im Voraus tätigen und die Ware dann in ihren Distributionszentren lagern müssen,[124] wogegen Zara durch seine extrem kurzen Durchlaufzeiten seine Bestände minimieren kann.[125] Der konstante Datenfluss bei Zara verhindert den Bullwhip-Effekt und erlaubt es Zara seine Auftragsquantitäten innerhalb der Saison je nach Konsumentenresponse um 40-50% zu ändern. Dieser Wert ist mehr als doppelt so hoch wie der Branchenschnitt. Vorteil für Zara ist hierbei, dass es Überproduktion nahezu vollständig vermeiden kann und damit höhere Verkaufspreise und geringere Abschriften realisiert. Die schnelle Durchlaufzeit ermöglicht es Zara teilweise sogar mit negativem Arbeitskapital zu arbeiten. All diese finanzwirksamen Prozesse wiegen die Kostennachteile auf, die Zara durch Redundanzen oder Nichtverwirklichung von Economies of Scale in Kauf nimmt.[126]

[122] Vgl.: Ferdow (2004), S. 110
[123] Vgl.: Tokatli (2008), S.31 ; Liebmann/ Zentes/ Swoboda (2008), S. 769-770
[124] Vgl.: Ohne Verfasser (2010), (09.01.10), http://www.123helpme.com/view.asp?id=97642
[125] Vgl.: Tang/ Tomlin (2008), S. 23
[126] Vgl.: Ferdow (2004), S. 108-109

Literaturverzeichnis

Anupindi, Ravi/ Bassok, Yehuda (1999), „Centralizationof Stocks: Retailers vs. Manufac turer" *Management Science 45(2), S.*178-191

Aviv, Yossi (2007), „On the Benefits of Collaborative Forecasting Partnerships Between Retailers and Manufacturers, *Management Science 53 (5)*, S. 777-794

Barth, Klaus/ Hartmann Michaela/ Schröder, Hendrik (2002), „Betriebswirtschaftslehre des Handels", Wiesbaden: Gabler

Bernstein, Fernando/ Federgrün, Awi (2005), „Decentralized Supply Chains with Compe t ing Retailers Under Demand Uncertainty", *Management Science 51 (1)*, S. 18-29

Berwin, Lisa (2008), „Zara forces supplier factory closure", *RetailWeek 24.06.08*; (09.01.10)http://www.retail-week.com%2Fzara-forces-supplier-factory-closure %2F1628265.article&anno=2

Bjerre, Mogens (2005), „Retail Marketing Processes" in Kotzab, Herbert/ Bjerre, Mogens (Hrsg.) *Retailing in a SCM-perspective*, Kopenhagen: Business School Press

Buisman, L./Wielenga, G.J. (2008), „Textile & Garment Industry in Vietnam", *Internatio nal Business Research Vietnam 2008*, Groningen: Faculty of Economics and Business

Cacéres, Javier (2007), „Anstößiges Accessoire", (09.01.10), *Sueddeutsche Zeitung o.Jg. 24.09.2007*, http://www.sueddeutsche.de/leben/498/419262/text/

Cachon, Gérard/ Swinney, Robert (2009), „Purchasing, Pricing, and Quick Response in the Presence of Strategic Consumers", *Management Science 55 (3)*, S.497-511

Capell, Kerry (2008), „Zara thrives by breaking all the rules", *Business Week o.Jg. 9. Okto ber 2008*, (31.01.10), http://www.businessweek.com/magazine/content/08_42/b4104066_ 866245.htm

Chang, Myong-Hun/ Harrington, Joseph E. (2000), „Centralization vs. Decentralization in a Multi Unit Organization: A Computational Model of a Retail Chain as a Multi-Agent Adaptive System", *Management Science 46 (11)*, S. 1427-1440

Coe, Neil M./Hess, Martin „The internationalization of retailing: implications for supply network restructuring in East Asia ans Eastern Europe", *Journal of Economic Geogra phy*, 5 (4), S. 449-473

Dutta, Devangshu (2002), „Retail @ the speed of fashion", (09.01.10), http://3isite.com/articles/ImagesFashion_Zara_Part_I.pdf;

Ernst, Ricardo/ Kouvelis, Panagiotis (1999) „The Effects of Selling Packaged Goods on In ventory Decisions" *Management Science 45 (8)*, S. 1142-1155

Ferdow, Kasra (2004), „Rapid Fire fulfilment", *Harvard Business Review 82 (11)*, S. 104-110

Gallaugher, John M. (2008), „Zara Case: Fast Fashion from Savvy Systems" , http://www.gallaugher.com/Zara%20Case.pdf, S. 1-11

Inditex (2009), „Annual Report 2008", (09.01.10), http://www.inditex.de/en

Hunter, Gary K./ Bunn, Michele D./ Perreault Jr., William D. (2006), „Interrelationships among key aspects of the organizational procurement process", *International Journal of Research in Marketing* 2006 (23), S. 155-170

Janz/Swoboda (2007), „Vertikales Retailmanagement in der Fashionbranche" , Frankfurt am Main: Deutscher Fachverlag

Janz, Markus (2004) „Erfolgsfaktoren der Beschaffung im Einzelhandel", Wiesbaden: Deutscher Universitäts-Verlag

Koppelmann, Udo (2000), „Beschaffungsmanagement", Berlin-Heidelberg-New York: Springer Verlag

Kotzab, Herbert (2005), „Retail logistics and Supply Chain Management" in Kotzab, Her bert/ Bjerre, Mogens (Hrsg.) *Retailing in a SCM-perspective,* , Kopenhagen: Business School Press

Krieger, Winfried (2010), „Stichwort: Logistik" (31.01.10), *Gablers Wirtschaftslexikon Onli-ne*, http://wirtschaftslexikon.gabler.de/Definition/logistik.html

Lackes, Richard/ Siepermann, Markus/ Krieger, Winfried (2010), „Stichwort Just in

Time", *Gablers* *Wirtschaftslexikon* *Online*, http://wirtschaftslexikon.gabler.de/Archiv/57306/just-in-time-jit-v5.html

Large, Rudolf (2006), „Strategisches Beschaffungsmanagement", Wiesbaden: Gabler

Liebmann, Hans-Peter/ Zentes, Joachim/ Swoboda, Bernhard (2008), „Handelsmanage ment", 2.Aufl., München: Vahlen

Makowski, Eugen (2003), „Perspektiven der Handelslogistik in der Baumarktbranche am Beispiel der Hornbach AG", T*hexis 2003 (3)*, S 53-57

Mishra, Birenda/ Raghunathan, Srinivasan (2004), „Retailer- Vendor-Managed Inventory and Brand Competition", *Management Science 50 (4)*, S. 445-457

Morschett, Dirk/ Schramm-Klein, Hanna (2003), „Einfluss der Internationalisierung auf die Supply Chain des Handels", T*hexis 2003 (3)*, S. 48-52

Müller, Stefanie (2008), „Azkar schaut nach Deutschland", *Deutsche Verkehrszeitung, o.Jg., 05.02.2008*, S. 1-3

Naseraldin, Hussein/ Herer, Yale (2008), „Integrating the Number and Location of Retail Outlets on a Line with Replenishment Decisions", *Management Science 54 (9)*, S.1666-1683

Özer, Özalp (2003), „Replenishment Strategies for Distribution Systems Under Advanced Demand Information", *Management Science 49 (3)*, S. 255-272

Ohne Verfasser (2007), „Spanisches Logistikherz", *Logistik Heute, o. Jg (10)*, http://www.lexisnexis.com/de/business/results/docview/docview.do?   do-cLinkInd=true&risb=21_T8255022341&format=GNBFI&sort=BOOLEAN&startD ocNo=1&resultsUrlKey=29_T8255022344&cisb=22_T8255022343&treeMax= true&treeWidth=0&csi=258643&docNo=14

Ohne Verfasser (2010), „Stock Out", (31.01.10) *Business Dictionary Online*, http://www.businessdictionary.com/definition/stockout.html

Ohne Verfasser (2007), „Zara owner lays down ethics for Moroccan suppliers", (09.01.10),

33

http://uk.reuters.com/article/idUKL2764574420070627

Ohne Verfasser (2008), „Einzelhandel als Marke und Eigenmarke des Handels", *Lebens*

mittel Praxis, o.Jg. (8), S. 2-3

Ohne Verfasser (2008), „Fashion Forward",*Foreign Policy November/Dezember 2008*, (09.01.10), http://www.foreignpolicy.com/story/cms.php?story_id=4500;

Ohne Verfasser (2008), „Zara forces closure of Indian plant", (09.01.10), http://www.procurement-online.com/news/7435;

Ohne Verfasser (2009), „Modekonzern Inditex macht globale Warenströme über GT Nexus Logistikplattform transparent",*press releases,* (09.01.10), http://www.gtnexus.com/press_room/press_releases.php?releaseID=137

Ohne Verfasser (09.01.10),http://www.maenz-hamburg.com/de/referenzendetail.php?kat=8&referer=start

Ohne Verfasser (09.01.10), http://www.fronz.de/ladenbau.htm

Ohne Verfasser (09.01.10), http://www.montom.de

Ohne Verfasser (09.01.10), http://www.fnweb.de/pdf/firmenportrait/real_innenausbau.pdf

Ohne Verfasser (09.01.10), http://www.schlegel-ladenbau.de/index.php?id=122

Ohne Verfasser (09.01.10), http://www.svf-steinveredelung.de

Ohne Verfasser (2010), „Zara's Business Model, Information and Communication Techno logies and Competitive Analysis", (09.01.10), http://www.123helpme.com/view.asp?id=97642

Palupski, Rainer (2002), „Management von Beschaffung, Produktion und Absatz", Wiesba den: Gabler

Prümper, Wolfgang (2003), „Best-of-Class-Logistik am Beispiel des Metro MGL-Kon zepts" *Thexis o.Jg. (3)*, S.17-22

Romano, Pietro (2009), „How can fluid dynamics help SCM?" *International Journal of Production economics o.Jg. (118)*, S. 463-472

Rudolph, Thomas/ Loss, Joëlle (2003), „Multichannel Sourcing als neuer Denkansatz im strategischen Beschaffungsmanagement des Handels", *Thexis* 2003 (3), S. 12-16

Schönsleben, Paul/ Arlard, Robert (2003), „Von der Beschaffung hin zum Supply Chain Management", *Thexis* 2003 (3), S.2-4

Semmann, Claudius (2008), „Der Anzug für die Lieferkette wird immer enger", *Deutsche Verkehrszeitung, o.Jg. 11.09.2008*

Smeets, H.E. (2007), „Keine Kompromisse", *Lebensmittel Praxis, o.Jg.(11),*S.13-15

Smith, Jeremy (2008), „Fast Fashion", *World Trade, o.Jg. Dezember 2008*, S. 54

Sull, Donald / Turconi, Stefano (2008), „Fast Fashion Lessons" *Business Strategy Review,* o.Jg. Summer 2008, S.8-9

Su, Xuanming/ Zhang, Fuqiang (2008), „Strategic Customer Behaviour, Commitment, and Supply Chain Performance", *Management Science 54 (10)*, S.1759-1773

Swoboda , Bernhard/ Elsner, Stefan/ Foscht, Thomas (2009), „International standardization of retail offers and processes: An empirical study," *Proceedings of the ninth triennial con- ference of the Academy of Marketing Science and American Collegiate Retailing As socia- tion (AMS/ACRA),* New Orleans, USA, S.1-23

Tang, Christopher/ Tomlin, Brian (2008), „The power of flexibility for mitinating supply chain risks" *International Journal of Production Economics o.Jg. (116)*, S. 12-27

Thonemann, Ulrich/ Bradley, James (2002), „The effect of product variety on supply-chain

performance" *European Journal of Operationsal Research 143 (3),* S. 548-569

Tokatli, Nebahat (2008), „Global Sourcing: insights from the global clothing industry – the case of Zara , a fast fashion retailer", *Journal of Economic Geography o.Jg. (8),* S. 21- 38

Tungate, Mark (2005) „ Fashion Brands: branding Styles from Armani to Zara", London und Sterling: Kogan Page

Voigt, Kai-Ingo/ Lackes, Richard/ Siepermann, Markus/ Krieger, Winfried (2010) „Stichwort: Supply-Chain-Management" ;(31.01.10), *Gablers Wirtschaftslexikon Online,* http://wirtschaftslexikon.gabler.de/Archiv/56470/supply-chain-management-scm- v6.html

Wagner, Stephan/ Locker, Alwin (2003), „Supply-Chain-Innovationen durch Lieferanten" *Thexis o.Jg.(3),* S. 5-10

Werthmann, Elisabeth (2007), „Stradner transporte expandiert nach Slowenien und Kroati en",*Wirtschaftsblatt, o.Jg. Heft Nr. 2985, Sonderthema Logistik & Transport,* S.39

Xia, Yu/ Chen, Bintong/ Kouvelis, Panos (2008), „Market-Based Supply Chain Coordinati on by Matching Suppliers' Cost Structures with Buyers' Order Profiles", *Management Science 54 (11),* S. 1861-1875

Young, Stephen/ Tavares, Ana (2004), „Centralization and autonomy: back to the future", *International Business Review,* 2004, 13 (2), S. 215-237

Zentes, Joachim/ Swoboda, Bernhard/ Schramm-Klein, Hanna (2006) „Internationales Marketing" München: Vahlen